정본
명심보감

이병갑 註解

학민사
Hakmin Publishers

『명심보감』은 고려 말 이후 조선시대까지 우리나라에서 한문을 처음 배우는 어린아이들이 『천자문』을 마친 다음 『동몽선습(童蒙先習)』과 함께 기초과정으로서의 교양과 학습을 쌓기 위한 내용으로 구성되어 있다.

원래는 「계선(繼善)」 「천명(天命)」 등 19편으로 되어 있었던 것을, 근래에 와서 누군가가 「증보(增補)」 「팔반가(八反歌)」 「효행(孝行)」 「염의(廉義)」 「권학(勸學)」 등 5편을 보강함으로써 모두 24편으로 구성했다.

이 책은 본래 중국의 범입본(范立本)이 편찬한 것이라고 하는데, 범입본의 『명심보감』은 고려시대 어린아이들에게 읽히고 이해시키기에 어려운 점이 많아, 고려 25대 충렬왕 때 문신이었던 추적(秋適)이 우리 실정에 맞게 새롭게 정리하여 오늘의 『명심보감』을 간행했다고 한다.

'명심(明心)'이란 마음을 밝게 한다는 뜻이며, '보감(寶鑑)'이란 보배로운 거울과 같은 교본이라는 뜻이다. 따라서 이 책에 수록되어 있는 글들은 당시 봉건사회의 윤리도덕과 가부장적 사회질서를 유지하는데 긴요한 내용들로 되어 있다.

정 본   명 심 보 감

明心寶鑑

  그러므로 충효, 삼강오륜의 윤리체계가 수록된 글들의 주된 골격이기 때문에 오늘의 시각으로 보아서는 시대의 흐름에 맞지 않는 부분도 없지 않다.

  그러나 여기에 나오는 대부분의 금언들이 개인의 수련이나 학습을 성취하는데, 한 가정을 원만하게 이끌어 나가는데, 또 건전한 사회건설과 국가 경영에 있어 절대로 잊어서는 안될 원칙론을 제기하고 있는 데서 가치관 혼란의 21세기에도 역시 그 보배로운 거울의 역할을 충분히 할 수 있으리라 믿는다.

  주해본을 냄에 있어 원문의 단순한 '풀이' 외에 한문 학습에 조금이라도 도움이 될 수 있도록 '새김'과 '한문 공부'를 첨부했으며, 간략하나마 등장인물, 인용 전적에 대한 주석과 찾아보기도 덧붙였다.

  이 책을 숙독함으로써 건전한 인생 개척에 도움이 되기를 바란다.

이 병 갑

머리말 _____ 2

| 제 1 편 | 繼善(계선) | 끊임없이 선(善)을 행하라는 가르침 _____ 7
| 제 2 편 | 天命(천명) | 권선징악의 하늘의 뜻을 받들라는 가르침 _____ 21
| 제 3 편 | 順命(순명) | 하늘이 준 운명에 따르라는 가르침 _____ 29
| 제 4 편 | 孝行(효행) | 어버이에게 효도하라는 가르침 _____ 35
| 제 5 편 | 正己(정기) | 항상 자신을 바르게 하라는 가르침 _____ 43
| 제 6 편 | 安分(안분) | 분수에 맞게 살라는 가르침 _____ 77
| 제 7 편 | 存心(존심) | 양심을 지키라는 가르침 _____ 85
| 제 8 편 | 戒性(계성) | 하늘이 준 본연의 성품을 지키라는 가르침 _____ 109
| 제 9 편 | 勤學(근학) | 학문에 힘쓰라는 가르침 _____ 123
| 제 10 편 | 訓子(훈자) | 자식을 공부시키라는 가르침 _____ 135
| 제 11 편 | 省心(성심) 上 | 항상 마음을 성찰하라는 가르침 _____ 147
| 제 12 편 | 省心(성심) 下 | 항상 마음을 성찰하라는 가르침 _____ 209
| 제 13 편 | 立敎(입교) | 삶의 근본에 대한 가르침 _____ 249

정본 명심보감
明心寶鑑

| 제14편 | 治政(치정) | 벼슬아치들의 자세에 대한 가르침 _____ 275
| 제15편 | 治家(치가) | 집안을 잘 다스리라는 가르침 _____ 287
| 제16편 | 安義(안의) | 친지간의 도리에 대한 가르침 _____ 297
| 제17편 | 遵禮(준례) | 꼭 지켜야 되는 예법에 대한 가르침 _____ 303
| 제18편 | 言語(언어) | 올바른 언어생활에 대한 가르침 _____ 311
| 제19편 | 交友(교우) | 진정한 벗 사귀기에 대한 가르침 _____ 319
| 제20편 | 婦行(부행) | 아내의 올바른 행실에 대한 가르침 _____ 329
| 제21편 | 增補(증보) | 덧붙이는 가르침 _____ 339
| 제22편 | 八反歌(팔반가) | 어버이를 정성껏 봉양하라는 노래 8편 _____ 343
| 제23편 | 續孝行(속효행) | 옛 사람들의 효도 이야기 _____ 355
| 제24편 | 廉義(염의) | 옛 사람들의 청렴한 삶 이야기 _____ 363
| 제25편 | 勸學(권학) | 배우기를 권하는 가르침 _____ 371

찾아보기 _____ 377

정본 명심보감

明心寶鑑

제 1 편

繼善

계선

끊임없이 선(善)을 행하라는 가르침

* 1 *

子曰　爲善者는　天報之以福하고
자왈　위선자　천보지이복

爲不善者는　天報之以禍니라
위불선자　천보지이화

《 풀이 》

공자가 말씀하였다. "착한 일을 하는 사람에게는 하늘이 복으로써 보답하고, 착하지 못한 일을 하는 사람에게는 하늘이 화로써 갚느니라."

《 새김 》

'인과응보' '뿌린대로 거둔다' 등의 말이 있듯이 모든 일은 자신이 행한 업보에 따라 결과가 나타나는 법이다.

《 한문공부 》

- 爲 할 위(爪〔爫〕부 8획)　爲政者(위정자) : 정치를 행하는 사람.
- 善 착할 선(口부 9획)　善用(선용) : 알맞게 잘 씀 ↔ 악용(惡用)
- 報 갚을 보(土부 9획)　報償(보상) : 손해를 배상함.
- 福 복 복(示부 9획)　福德房(복덕방) : 부동산의 거래나 셋방을 중개하는 곳.
- 禍 재앙 화(示부 9획)　禍根(화근) : 재앙의 근원.
- 以 써 이(人부 3획)　以心傳心(이심전심) : 마음으로써 마음을 전함.

△之(지) : 지시대명사로 앞에 나온 爲善者, 爲不善者을 가리킴.

子 : 孔子(공자)　B. C 552~479. 春秋時代(춘추시대) 말 魯(노)나라 사람. 이름은 丘(구), 字(자)는 仲尼(중니). 공자의 사상에 대해서는 이 책 251쪽 참조.

* 2 *

漢昭烈이 將終에 勅後主 曰
한 소 열　　　 장 종　　 칙 후 주　　 왈

勿以善小而不爲하고
물 이 선 소 이 불 위

勿以惡小而爲之하라
물 이 악 소 이 위 지

《 풀이 》

한나라 소열황제가 죽을 때 아들 후주에게 명령을 내려서 말씀하기를 "선이 작다고 해서 아니하지는 말며, 악이 작다고 해서 하려 하지는 말라"고 하였다.

《 새김 》

속담에 "바늘 도둑이 소도둑 된다"라고 해서 작은 악행(惡行)이라도 쌓이는 것을 경계했다.

《 한문공부 》

- 勅 칙서 칙(力부 7획)　　勅命(칙명) : 임금의 명령.
- 終 마칠 종(糸부 5획)　　臨終(임종) : 죽음에 다달음.
- 勿 말 물(勹부 2획)　　勿論(물론) : 더 말할 나위 없음.
- 而 말이을 이(而부 0획)　　似而非(사이비) : 같은 듯하나 다름.
- △ 以(이) : ~때문에.　　以善小 : 선이 작다는 이유로.

昭烈(소열)　성은 劉(유) 이름은 備(비). 어진 신하 諸葛亮(제갈량)의 보필을 얻어서 魏(위)나라, 吳(오)나라와 더불어 三國(삼국)을 형성하였다. 오와의 전쟁에서 패하여 병사하였다.

後主(후주)　소열황제의 아들. 이름은 禪(선). 어리석은 왕으로 제갈량이 죽은 뒤 위나라에 항복하였다.

* 3 *

莊子曰　一日不念善이면
장자왈　일일불념선

諸惡이　皆自起니라
제악　개자기

《 풀이 》

장자가 말씀하였다. "하루라도 착한 일을 생각하지 않으면 모든 악한 것이 다 자연히 일어난다."

《 새김 》

사람은 항상 언제나 착한 마음을 가져야만 악이 침범하지 않는다.

《 한문공부 》

- 念 생각 념(心부 4획)

  念慮(염려) : 헤아려 걱정함. 또는 그런 생각.

- 諸 모두 제(言부 9획)

  諸般(제반) : 여러가지. 萬般(만반).

- 皆 다 개(白부 4획)

  皆勤(개근) : 하루도 빠짐없이 출석 또는 출근함.

- 起 일어날 기(走부 3획)

  起因(기인) : 일이 일어나는 원인.

莊子(장자)　B. C 365~290. 중국 춘추시대 宋(송)나라 사람으로 이름은 周(주). 그의 주장이 老子(노자) 사상에 기초를 두었으므로, 노자와 함께 老莊(노장)이라 불려지는데, 인위적인 세계관을 부정하고 무위자연의 세계관을 주장하였다. 저서로 『南華經(남화경)』이 있다. 그의 아내가 죽었을 때 동이를 두두리며 노래했으니, 아내의 죽음을 슬퍼하는 것을 '叩盆之痛(고분지통)'으로 표현하는 것이 여기에서 유래했다.

* 4 *

太公曰　見善如渴하고
태공왈　견선여갈
聞惡如聾하라　又曰　善事란
문악여롱　　　우왈　선사
須貪하고　惡事란　莫樂하라
수탐　　　악사　　막락

《 풀이 》

태공이 말씀하시기를 "착한 것을 보면 목마른 사람이 물을 찾듯이 하며, 악한 것을 들으면 귀머거리인 것처럼 하라" 하시고, 또 말씀하시기를 "착한 일은 모름지기 탐내고, 악한 일은 즐겨하지 말아라" 하셨다.

《 새김 》

선을 실행에 옮기는 것을 바람의 빠름과 같이 하라. 선을 실천하는 의지를 강조하는 교훈이다.

《 한문공부 》

- 太 클 태(大부 1획)　　太平(태평) : 세상이 매우 평안함.
- 渴 목마를 갈(氵부 10획)　渴症(갈증) : 목이 말라 물을 마시고 싶은 느낌.
- 須 모름지기 수(頁부 3획)　須知(수지) : 반드시 알아야 할 사항.
- 貪 탐할 탐(貝부 4획)　　貪慾(탐욕) : 지나치게 욕심이 많음.

△ 如聾(여롱) : 귀머거리와 같다.
△ 莫(막) : ~하지 말라.　莫樂(막락) : 즐거워하지 말라.

太公(태공)　중국 周(주)나라 초기의 정치가. 자세한 사항은 이 책 40쪽 참조.

* 5 *

馬援曰　終身行善이라도　善猶不
마원왈　종신행선　　　선유부
足이요　一日行惡이면　惡自有餘니라
족　　일일행악　　　악자유여

《 풀이 》

마원이 말씀하기를 "한평생 착한 일을 행하여도 착한 것은 오히려 부족하고, 하루 나쁜 일을 행하여도 악은 그대로 남느니라"고 했다.

《 새김 》

한 평생을 두고 행하여도 오히려 부족한 것이 선이다. 악은 단 하루를 행하여도 그 자국이 가시어지지 않는다. 그러니 아주 조그마한 악이라도 행해서는 안된다.

《 한문공부 》

- 猶 오히려 유(犬〔犭〕부 9획)
  猶豫(유예) : 주저하여 결정하지 못함. 날짜를 미룸. 연기함.
- 足 넉넉할 족(足부 0획)
  豊足(풍족) : 양이 넉넉하게 많음.
- 餘 남을 여(食부 7획)
  餘震(여진) : 큰 지진에 이어 일어나는 작은 지진.

馬援(마원)　B.C 11~A.D 49. 중국 後漢(후한) 때의 장군. 티베트 지방을 정벌하고, 남방과 흉노의 여러 난을 다스렸으며, 많은 무공을 세워서 伏波將軍(복파장군)에 임명되었다.

∗6∗

莊子曰　於我善者도　我亦善之하고
장자왈　　어아선자　　아역선지

於我惡者도　我亦善之니라
어아악자　　아역선지

我旣於人에　無惡이면
아기어인　　무악

人能於我에　無惡哉인저
인능어아　　무악재

《 풀이 》

장자가 말씀하였다. "나에게 좋은 일을 하는 사람에게도 나 또한 좋게 하고, 나에게 나쁜 일을 하는 사람에게도 나 또한 좋게 할 것이다. 내가 이미 남에게 나쁘게 아니하면 남도 나에게 나쁘게 할 수 없을 것이다."

《 새김 》

사람은 언제나 남의 잘못을 용서할 줄 아는 아량이 있어야 하는 것이다.

《 한문공부 》

- 亦 또 역(亠부 4획)　　亦是(역시) : 마찬가지로. 또한.
- 旣 이미 기(无부 11획)　旣得權(기득권) : 이미 차지한 권리.
- 能 능할 능(肉〔月〕부 6획)　能辯(능변) : 말솜씨가 능란함.
- 無 없을 무(火〔灬〕부 8획)　無聊(무료) : 심심하고 지루함을 이름.

△ 於我(어아) : 나에게
△ 善之(선지) : 선하게 대하다.
△ 人(인) : 문장 내에 쓰인 人은 흔히 '다른 사람'의 뜻을 지닌다.
△ 哉(재) : 감탄의 어조사. ~이도다, 또는 ~이리오.

7

司馬溫公曰　積金以遺子孫이라도
사마온공왈　적금이유자손

未必子孫이 能盡守요
미필자손　능진수

積書以遺子孫이라도
적서이유자손

未必子孫이 能盡讀이니
미필자손　능진독

不如積陰德於冥冥之中하여
불여적음덕어명명지중

以爲子孫之計也니라
이위자손지계야

《 풀이 》

사마온공이 말씀하기를 "많은 돈을 모아서 자손에게 남겨준다고 해도 자손이 반드시 그 돈을 능히 지킨다고 할 수 없고, 많은 책을 모아서 자손에게 남겨준다고 해도 자손이 반드시 그 책을 능히 모두 읽는다고 생각되지 않는다. 그러므로 남모르는 가운데 덕을 쌓아서 자손을 위함만 같지 못하느니라" 했다.

《 새김 》

자손들이 오래도록 잘 살게 하기 위해서는 돈이나 책을 쌓아 두기보다는 남모르는 가운데 덕을 쌓는 것이 가장 좋은 방법이다.

《 한문공부 》

- 積 쌓을 적(禾부 11획)
  積載(적재) : 물건을 실음.

• 遺 남길 유(辵[辶]부 12획)
  遺産(유산) : 고인이 남긴 재산.
• 盡 다할 진(皿부 9획)
  盡力(진력) : 있는 힘을 다함.
• 冥 어두울 명(冖부 8획)
  冥福(명복) : 죽은 후의 행복.
△ 未必(미필) : 반드시 ~는 아니다.
△ 不如(불여) : ~만 못하다. ~보다 못하다.
△ 冥冥之中(명명지중) : 어두워 드러나지 않는 곳.
△ 以爲(이위) : ~로 삼다. ~로 생각하다.
△ 子孫之計(자손지계) : 자손이 잘 살도록 하기 위한 계획.

司馬溫(사마온) 1019~86. 北宋(북송) 때의 정치가이며 학자이다. 이름은 光(광), 자는 君室(군실), 호는 迂夫(우부), 또는 迂叟(우수), 시호는 文正(문정)인데, 溫國公(온국공)에 봉해졌기 때문에 흔히 司馬溫公(사마온공)으로 불리워진다. 神宗(신종) 때 王安石(왕안석)의 新法(신법)을 반대하여 舊法黨(구법당)이 되었다. 그는 공자가 편찬한 역사책『春秋(춘추)』의 체제를 모방하여『資治通鑑(자치통감)』을 엮었다.

8

> 景行錄에 曰
> 恩義를 廣施하라
> 人生何處不相逢이리오
> 讐怨을 莫結하라
> 路逢狹處면 難回避니라

《 풀이 》

『경행록』에 이르기를 "은혜와 의리를 널리 베풀도록 하라. 사람이 살다보면 어느 곳에서 서로 만나지 않으랴. 원수와 원한을 맺지 말라. 좁은 길에서 만나게 되면 피하기가 어려우니라" 했다.

《 새김 》

"심은대로 거두리라"는 말은 인간생활에서 언제나 들어맞는 말이다. 내가 남을 도와줌으로써 남도 또한 나를 돕게 된다는 것이다. 남을 해친다면 그 보복을 두려워해서 안심하고 지낼 수가 없는 것이다.

《 한문공부 》

- 景 볕 경(日부 8획)
  景致(경치) : 산수·풍물 등의 아름다운 모습.

- 錄 기록할 록(金부 8획)

  錄音(녹음) : 소리를 레코드나 테이프에 수록함.
- 施 베풀 시(方부 5획)

  施政(시정) : 정무(政務)를 시행함.
- 逢 만날 봉(辵[辶]부 7획)

  逢變(봉변) : 뜻밖의 변을 당함. 남에게 욕을 봄.

△ 廣施(광시) : 널리 덕을 베푸는 것.

△ 路逢(노봉) : 길거리에서 만나다.

景行錄(경행록) 중국 宋(송)나라 때에 지어진 책. 저자는 분명하지 않다. 책은 전하지 않고 내용의 일부만을 볼 수 있다. 떳떳하고 밝은 행위를 하라고 가르친 책이다.

9

東岳聖帝垂訓에 曰 一日行善이라도
동 악 성 제 수 훈　　왈　　일 일 행 선
福雖未至나 禍自遠矣오
복 수 미 지　　화 자 원 의
一日行惡이라도 禍雖未至나
일 일 행 악　　　화 수 미 지
福自遠矣니
복 자 원 의
行善之人은 如春園之草하여
행 선 지 인　　여 춘 원 지 초
不見其長이라도 日有所增하고
불 견 기 장　　　일 유 소 증
行惡之人은 如磨刀之石하여
행 악 지 인　　여 마 도 지 석
不見其損이라도 日有所虧이니라
불 견 기 손　　　일 유 소 휴

《 풀이 》

동악성제 수훈에 이르기를 "하루 좋은 일을 하여도 복은 비록 오지 아니하나 재앙은 스스로 멀어진다. 하루 나쁜 일을 하여도 재앙은 비록 오지 아니하나 복은 스스로 멀어진다. 좋은 일을 하는 사람은 봄 동산의 풀과 같아서 그 성장하는 것이 보이지 않으나 날로 더하는 바가 있고, 나쁜 짓을 하는 사람은 칼을 가는 숫돌과 같아서 닳아 없어지는 것이 보이지 않아도 날로 이지러지는 바가 있다" 하였다.

《 새김 》

재앙을 향해 가면 복으로부터 멀어지는 것은 당연한 일이다. 또 선을 향해 가면 악으로부터 멀어지는 것도 당연한 일이다.

《 한문공부 》

- 岳 큰산 악(山부 5획)
  岳父(악부) : 丈人(장인).
- 增 더할 증(土부 12획)
  增加(증가) : 많아짐 ↔ 減少(감소)
- 磨 갈 마(石부 11획)
  摩擦(마찰) : 뜻이 서로 맞지 않아서 충돌함.
- 損 덜 손(手〔扌〕부 10획)
  損失(손실) : 축이 남. 손해를 봄.

△ 垂訓(수훈) : 훈계를 내리는 것.
△ 矣(의) : 어조사. 也와 함께 종결사로 쓰이며, '~이다'의 뜻을 지닌다.
△ 日有所增(일유소증) : 날마다 더하는 바가 있음.
△ 至(지) : 이르다. 도달하다.

東岳聖帝(동악성제) 道家(도가)의 泰山夫君(태산부군)의 별칭. 중국 산동성 泰安(태안) 북쪽에 있는 태산의 신을 모신 東岳廟(동악묘)의 본존으로, 옥황상제를 대신하여 사람의 영혼과 생명을 관리한다.

* 10 *

> 子曰　見善如不及하고
> 자왈　견선여불급
> 見不善如探湯하라
> 견불선여탐탕

《 풀이 》

공자가 말씀하였다. "선한 일을 보면 미치지 못하는 것처럼 하고, 악한 일을 보면 끓는 물을 만진 것처럼 하라."

《 새김 》

선한 일을 보면 따라잡지 못함을 걱정하듯 힘껏 달려들며, 악한 일을 만나면 끓는 물을 만졌을 때처럼 '이크' 하며 놀라서 멀어져야 한다는 말이다.

《 한문공부 》

- 見 볼 견(見부 0획)

  見積(견적) : 어림잡아 한 계산.

- 及 미칠 급(又부 2획)

  及第(급제) : 과거에 합격함.

- 湯 끓을 탕(水〔氵〕부 9획)

  藥湯(약탕) : 한약을 다리는 그릇.

△ 不及(불급) : 미치지 못하다.

△ 探湯(탐탕) : 손으로 끓는 물을 만지는 것.

제 2 편

天命

권선징악의 하늘의 뜻을 받들라는 가르침

* 1 *

子曰　順天者는 存하고
자왈　순천자　　존
逆天者는 亡이니라
역천자　　망

《 풀이 》

공자가 말씀하였다. "하늘의 명을 순종하는 사람은 살아남고, 하늘의 명을 거역하는 사람은 망하느니라."

《 새김 》

선한 본성을 따라 성실히 산다면 이것이 곧 천명을 따르는 것이며, 그것은 인간의 행복의 근원이다.

《 한문공부 》

- 順 순할 순(頁부 3획)
  順産(순산) : 순조롭게 아이를 낳음.
- 存 있을 존(子부 3획)
  存續(존속) : 없어지지 않고 계속하여 존재함.
- 逆 거스를 역(辵〔辶〕부 6획)
  逆境(역경) : 뜻대로 되지 않는 불운한 처지.
- 亡 망할 망(亠부 1획)
  亡國(망국) : 나라가 망함.

△ 順天者(순천자) : 天命(천명)에 순종하는 사람.
△ 存(존) : 살아남다.

* 2 *

康節(강절) 邵先生(소선생) 曰(왈)
天聽(천청)이 寂無音(적무음)하니 蒼蒼何處尋(창창하처심)고
非高亦非遠(비고역비원)이라 都只在人心(도지재인심)이니라

《 풀이 》

강절 소선생이 말씀하였다. "하늘의 들으심은 조용하여 소리가 없다. 푸르고 푸른데 어느 곳에서 찾을까? 높지도 않고 또한 멀지도 않다. 다만 모두가 사람의 마음 속에 있는 것이다."

《 새김 》

하늘은 멀고 아득하기만 하고 아무 소리도 들려오지 않으니, 찾을 길이 없다. 그러면 하늘은 어디에 있을까? 모두가 다만 인간의 마음 속에 있을 뿐이다.

《 한문공부 》

- 聽 들을 청(耳부 16획)
  聽衆(청중) : 음악이나 연설 등을 듣는 사람들.
- 蒼 푸를 창(艸[艹]부 10획) 蒼空(창공) : 푸른 하늘.
- 在 있을 재(土부 3획)   在職(재직) : 직무를 맡고 있음.

△ 天聽(천청) : 하늘이 듣다.
△ 寂無音(적무음) : 고요하고 아무런 소리가 없는 것.
△ 都(도) : 모두. 다.

康節(강절) 중국 宋(송)나라 때의 儒學者(유학자)인 邵雍(소옹, 1011~77)의 시호. 자는 堯夫(요부). 자세한 사항은 이 책 229쪽 참조.

3

玄帝垂訓(현제수훈)에 曰(왈)
人間私語(인간사어)에도 天聽(천청)은 若雷(약뢰)하고
暗室欺心(암실기심)이라도 神目(신목)은 如電(여전)이니라

《 풀이 》

현제수훈에 이르기를 "인간 사이의 사적인 말이라도 하늘이 듣는 것은 천둥과 같고, 어두운 방에서 마음을 속일지라도 귀신이 보는 것은 번개와 같다" 하였다.

《 새김 》

우리 속담에 "낮말은 새가 듣고 밤말은 쥐가 듣는다", 서양 격언에 "양심은 우리 내면에 있는 하느님의 음성이다"란 말이 있다. 남이 보지 않아도 말과 행동을 삼가야 한다.

《 한문공부 》

- 垂 드리울 수(土부 5획)
  垂範(수범) : 남에게 모범을 보임.
- 雷 우레 뢰(雨부 5획)
  雷雨(뇌우) : 천둥 번개를 치며 내리는 비.
- 欺 속일 기(欠부 8획)
  欺瞞(기만) : 남을 속임.
△ 欺心(기심) : 마음을 속이다.

玄帝(현제)　道家(도가)에서 받들어 모시는 신으로, 天帝(천제)라고도 함.

* 4 *

益智書에 云
익 지 서   운
惡罐이 若滿이면 天必誅之니라
악 관   약 만   천 필 주 지

《 풀이 》

『익지서』에 이르기를 "나쁜 마음이 가득하면 하늘이 반드시 벌을 준다"고 하였다.

《 새김 》

사람의 마음 속에 악한 생각이 가득차 있다면 이것은 대자연의 섭리에 반하는 행위라서 천벌을 반드시 받는다.

《 한문공부 》

- 滿 가득할 만(水〔氵〕부 11획)
  滿發(만발) : 많은 꽃이 한꺼번에 활짝 핌.
- 必 반드시 필(心부 1획)
  必讀(필독) : 반드시 읽어야 함.
- 誅 벌줄 주, 목벨 주(言부 6획)
  誅滅(주멸) : 죄인을 쳐 죽여 멸함.
△ 惡罐(악관) : 악한 마음.
△ 若(약) : ① 만약. ② 같다. 여기서는 ①의 뜻.

益智書(익지서) 중국 송나라 때의 책 이름.

* 5 *

> 莊子曰 장자왈
> 若 人作不善하여 得顯名者는
> 약 인작불선 득현명자
> 人雖不害나 天必戮之니라
> 인 수 불 해 천 필 륙 지

《 풀이 》

장자가 말씀하였다. "만일 사람이 선하지 못한 일을 해서 훌륭한 이름을 얻는 자는 사람이 비록 해치지 않더라도 하늘이 반드시 이 사람을 죽인다."

《 새김 》

악한 짓을 해서 영달한 자는 일시적으로는 부귀영화를 누릴지 모르나 하늘이 용서하지 않을 것이다.

《 한문공부 》

- 得 얻을 득(彳부 8획)
  得勢(득세) : 세력을 얻음. 형세가 좋아짐.
- 顯 나타날 현(頁부 14획)
  顯示(현시) : 높은 지위에 오름.
- 戮 죽일 륙(戈부 11획)
  殺戮(살육) : (많은 사람을) 마구 죽임.
- △ 顯名(현명) : 이름을 나타냄. 성공함.
- △ 不害(불해) : 해치지 않음.

❋ 6 ❋

種瓜得瓜하고 種豆得豆니
종 과 득 과   종 두 득 두
天網이 恢恢하야 疎而不漏니라
천 망   회 회   소 이 불 루

《 풀이 》

오이를 심으면 오이를 얻고 콩을 심으면 콩을 얻으니, 하늘의 그물은 넓고 넓어서 성글지만 새지 않는다.

《 새김 》

속담에 "콩 심은 데 콩 나고, 팥 심은 데 팥 난다"는 말이 있다. 선을 행하면 반드시 복이 오고, 악을 행하면 재앙이 온다는 것은 하늘의 법칙이다.

《 한문공부 》

- 種 씨, 심을 종(禾부 9획)
  種苗(종묘) : 식물의 싹을 심음.
- 豆 콩 두(豆부 0획)
  豆腐(두부) : 콩으로 만든 식품의 한 가지
- 網 그물 망(糸부 8획)
  網羅(망라) : 모두 받아들임.
- 疎 성길 소(疋부 7획)
  疎略(소략) : 꼼꼼하지 못하고 간략함.
- △ 種瓜(종과) : 오이를 심음. 瓜(과)는 오이.
- △ 恢恢(회회) : 넓고 넓음. 매우 넓음.

* 7 *

子曰 獲罪於天이면
자왈 획죄어천
無所禱也이니라
무소도야

《 풀이 》

공자가 말씀하였다. "하늘에 죄를 얻으면 빌 곳이 없다."

《 새김 》

천벌이 두려움을 말함으로써 악한 일을 저지르지 말 것을 교훈하는 글이다.

《 한문공부 》

- 獲 얻을 획(犬[犭]부 14획)
  獲得(획득) : 손에 넣음. 잡아 가짐.
- 所 바 소(戶부 4획)
  所感(소감) : 마음에 느낀 바, 또는 그 생각.
- 禱 빌 도(示부 14획)
  祈禱(기도) : 마음속으로 잘 되기를 바람.

△ 獲罪(획죄) : 죄를 저지르다.
△ 無所禱(무소도) : 기도드릴 곳이 없다. 빌 곳이 없다.

제 3 편

順命

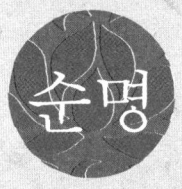

하늘이 준 운명에 따르라는 가르침

* 1 *

子曰　死生이 有命이요
자왈　사생　유명
富貴는 在天이니라
부귀　재천

《 풀이 》

공자가 말씀하였다. "죽고 사는 것은 명에 있고, 부하고 귀한 것은 하늘의 뜻에 달려 있다."

《 새김 》

사람의 수명과 부귀는 하늘의 뜻에 달려 있기에 억지로 구할 수 없는 것이다. 그러나 사람은 최선을 다한 후에 하늘의 명을 기다려야 할 것이다.

《 한문공부 》

- 命 목숨 명(口부 5획)
  命脈(명맥) : 생명의 근본이 되는 목숨과 맥. 곧 목숨.
- 富 부자 부(宀부 9획)
  富農(부농) : 부유한 농민.
- 貴 귀할 귀(貝부 5획)
  貴賤(귀천) : 귀함과 천함.
- △ 富貴(부귀) : 부하고 귀한 것.
- △ 在天(재천) : 하늘에 달려 있다.

※ 2 ※

萬事分已定이어늘 浮生空自忙이니라
만 사 분 이 정   부 생 공 자 망

【 풀이 】

모든 일은 분수가 이미 정하여져 있는데, 세상 사람들이 부질없이 스스로 바쁘게 움직인다.

【 새김 】

뜬구름같은 부귀공명을 잡기 위해 허덕이는 어리석음을 저지르지 말라는 교훈.

【 한문공부 】

- 萬 일만 만(艸〔++〕부 9획)
  萬物(만물) : 모든 사물.
- 分 나눌 분, 분수 분(刀〔刂〕부 2획)
  分布(분포) : 나뉘어 널리 퍼져 있음.
- 已 이미 이(己부 0획)
  已往(이왕) : 이전. 과거.
- 忙 바쁠 망(心부 3획)
  忙中閑(망중한) : 바쁜 가운데 여유를 찾음.

△ 浮生(부생) : 덧없는 인생.
△ 空(공) : 부질없이.

3

景行錄에 云 禍不可倖免이요
福不可再求니라

《 풀이 》

『경행록』에 이르기를 "화는 요행으로 면하지 못하고, 복은 가히 두 번 다시 구하지 못하리라."

《 새김 》

피해갈 수 없는 재앙이라면 어떤 요행으로도 모면할 수 없는 법이다. 또한 이미 지나가버린 복은 두 번 다시 돌이킬 수 없는 것이 세상일이다.

《 한문공부 》

- 禍 재앙 화(示〔礻〕부 9획)
  禍福(화복) : 재앙과 행복.
- 免 면할 면(儿부 5획)
  免責(면책) : 책임을 면함.
- 求 구할 구(水부 2획)
  求職(구직) : 직업을 구함.
- △ 不可(불가) : ~할 수 없다. ~해서는 안된다.
- △ 倖免(행면) : 요행히 면함.
- △ 再求(재구) : 다시 얻음.

* 4 *

時來에 風送滕王閣이요
시 래   풍 송 등 왕 각
運退에 雷轟薦福碑라
운 퇴   뢰 굉 천 복 비

《 풀이 》

때가 오면 순풍을 타고 등왕각에 가서 이름을 세상에 알리고, 운이 쇠하면 천복비에 벼락이 떨어져 비석문이 깨어져 모든 것이 수포로 돌아간다.

《 새김 》

왕발은 운이 좋아 순풍을 타고 등왕각 낙성식 전날에 도착하여 서문을 지었고, 탁본을 구해 이득을 얻으려던 가난한 서생은 천복비에 도착하기 전날 벼락을 맞아 비석이 부서졌다는 고사로서 세상일을 경계하고 있다.

《 한문공부 》

- 閣 누각 각(門부 6획)

  閣僚(각료) : 내각을 구성하는 각부의 장관.

- 薦 추천할 천(艸[++]부 13획)

  薦擧(천거) : 사람을 추천함.

- 碑 비석 비(石부 8획)

  碑文(비문) : 비석에 새긴 글.

滕王閣(등왕각)　중국 당나라 태종의 동생 滕王(등왕) 李元嬰(이원영)이 강서성 南昌(남창) 서남방에 세운 누각. 당 초의 시인 王勃(왕발)의 序(서)로 유명하다.

薦福碑(천복비)　당나라의 서예가인 구양순이 비문을 썼다고 전해지고 있다. 원나라의 극작가 馬致遠(마치원)이 세웠다는 異說(이설)도 있다.

5

列子曰　痴聾痼瘂도　家豪富요
열자왈　치롱고아　　가호부

智慧聰明도　却受貧이라
지혜총명　　각수빈

年月日時該載定하니
연월일시해재정

算來에　由命不由人이니라
산래　　유명불유인

《 풀이 》

열자가 말씀하였다. "어리석고 귀먹고 고질이 있고 벙어리인데도 집은 부자요, 지혜롭고 총명하건만 도리어 가난하다. 운수는 해와 달과 날과 시로써 분명히 정해져 있으니, 따지고 보면 부귀와 가난함은 사람의 뜻에 연유된 것이 아니라 하늘의 뜻에 달린 것이다."

《 새김 》

모든 일에 탐욕을 갖지 말고, 겸허한 자세를 가지라는 교훈.

《 한문공부 》

- 痴＝癡 어리석을 치(疒부 14획)

  癡(痴)疒(치매) : 멍청이. 천치. 바보.

- 智 지혜 지, 슬기 지(日부 8획)　　智謀(지모) : 슬기로운 꾀.
- 慧 슬기로울 혜(心부 11획)　　慧智(혜지) : 총명한 슬기.

△ 該(해) : 이것이라는 뜻. 여기에서는 곧 운명을 가리킨다.

△ 載定(재정) : 정해져 있다.

列子(열자)　중국 戰國(전국)시대 초기 魯(노)나라의 사상가. 이름은 御寇(어구). 사상적으로 도가에 속하며, 제자들이 그의 학설을 정리하여 『列子(열자)』를 펴냈다.

제 4 편

孝行

어버이에게 효도하라는 가르침

* 1 *

詩에 曰 父兮生我하시고 母兮鞠我하시니 哀哀父母여 生我劬勞샷다 欲報深恩인대 昊天罔極이로다
시 왈 부혜생아 모혜국아 애애부모 생아구로 욕보심은 호천망극

【 풀이 】

『시경』에 이르기를 "아버지시여, 나를 낳으시고, 어머니시여, 나를 기르시니, 애닯다, 부모여! 나를 낳아 기르시느라 힘들고 고달프셨다. 그 깊은 은혜를 갚으려 한다면 하늘과 같아 끝이 없네" 하였다.

【 새김 】

우리를 낳고 기르고 가르쳐 훌륭한 인간으로 만들어 주신 양친의 사랑과 노고는 진정 다함이 없다. 그러나 자식들은 그 은혜를 보답할 길이 없으니 안타깝기만 하다는 뜻.

【 한문공부 】

- 生 날 생(生부 0획)   生産(생산) : 재화를 만들어 냄.
- 鞠 기를 국(草부 8획)   鞠育(국육) : 아이를 기름.
- 昊 하늘 호(日부 4획)   昊天(호천) : 여름 하늘.

△ 兮(혜) : 어조사. '~(임)이여!'로 해석하면 무리가 없음.

△ 劬勞(구로) : 애쓰고 수고하다.

△ 欲報深恩(욕보심은) : 깊은 은혜에 보답하고자 함.

△ 昊天罔極(호천망극) : 부모의 은혜는 넓고 커서 하늘같이 끝이 없음.

詩 : 詩經(시경) 『書經(서경)』『周易(주역)』과 함께 三經(삼경)의 하나. 공자가 편찬했다.

* 2 *

> 子曰　孝子之事親也는
> 자왈　효자지사친야
> 居則致其敬하고　養則致其樂하고
> 거 즉 치 기 경　　양 즉 치 기 락
> 病則致其憂하고　喪則致其哀하고
> 병 즉 치 기 우　　상 즉 치 기 애
> 祭則致其嚴이니라
> 제 즉 치 기 엄

《 풀이 》

공자가 말씀하였다. "효자가 어버이를 섬길 적에는 기거함에 그 공경을 다하고, 봉양할 때에는 그 즐거움을 다하고, 병이 드시면 그 근심을 다하고, 작고하시면 그 슬픔을 다하고, 제사를 지낼 때에는 그 엄숙함을 다한다."

《 새김 》

양친을 섬기는 방법을 설명하고 자식된 자의 취할 바 태도를 제시한 것이다.

《 한문공부 》

- 致 이를, 다할 치(至부 4획)　致命傷(치명상) : 목숨이 다할 정도의 중상(重傷).
- 喪 잃을 상(口부 9획)　喪家(상가) : 초상난 집.
- 祭 제사 제(示부 6획)　祭需(제수) : 제사에 쓰는 여러가지 음식이나 재료 = 祭物(제물)

△ 事親(사친) : 어버이를 섬기는 것.
△ 致(치) : 극진히 다함.

3

子曰 父母在어시든 不遠遊하며
자왈　부모재　　　불원유
遊必有方이니라
유필유방

《 풀이 》

공자가 말씀하였다. "부모가 살아 계시거든 먼곳에 가서 놀지 말 것이며, 놀 때에는 반드시 놀러 가는 곳을 알려야 한다."

《 새김 》

나이 많은 부모의 일이 걱정되기 때문에 멀리 가지 말아야 하며, 집을 떠나더라도 반드시 장소를 알려야 한다.

《 한문공부 》

- 遠 멀 원(辵[辶]부 10획)
  遠征(원정) : ① 운동 경기를 하기 위해 먼곳으로 감.
  　　　　　　② 먼곳을 정벌(征伐)함.
- 遊 놀 유(辵[辶]부 9획)
  遊說(유세) : 사방으로 돌아다니며 자기 의견을 설명함.
- 方 방위 방(方부 0획)
  方位(방위) : 동서남북의 위치.
  △ 遊必有方(유필유방) : 먼 곳을 갈 때는 반드시 그 가는 곳을 고하
  　　　　　　　　　　　여야 한다.
  △ 遊(유) : 외출, 여행의 뜻.

* 4 *

子曰　父命召어시든　唯而不諾하고
자왈　부명소　　　　유이불락

食在口則吐之니라
식재구즉토지

《 풀이 》

공자가 말씀하기를 "어버이가 명하여 부르시면 즉시 대답하고 느리게 대답하지 말 것이며, 음식이 입에 있으면 즉시 이를 뱉아내고 대답해야 한다" 했다.

《 새김 》

부모를 깍듯이 공경하라는 의미를 담고 있다. 맹자도 "효의 극치는 어버이를 존경하는 것 이상으로 큰 것이 없다"고 강조하였다.

《 한문공부 》

- 召 부를 소(口부 2획)　　　召集(소집) : 불러 모음.
- 唯 오직, 대답할 유(口부 8획)
  唯一(유일) : 오직 하나밖에 없음.
- 諾 대답할, 승낙할 낙, 머뭇거릴 낙(言부 9획)
  許諾(허락) : 허용하여 승락함.
- 吐 토할 토(口부 3획)
  吐露(토로) : 마음에 있는 것을 다 말함.

△ 唯而不諾(유이불락) : '예' 하고 대답하되 머뭇거리며 답하지 않음.
△ 食在口則吐之(식재구즉토지) : 음식이 입 안에 있으면 이를 뱉어낸다.

* 5 *

太公曰　孝於親이면　子亦孝之하나니
태공왈　효어친　　　자역효지

身旣不孝면　子何孝焉이리오
신기불효　　자하효언

《 풀이 》

태공이 말씀하기를 "내가 어버이에게 효도하면 자식이 또한 나에게 효도하나니, 내가 이미 어버이에게 효도하지 않았다면 자식이 어찌 나에게 효도하겠는가!"고 했다.

《 새김 》

자신이 부모에게 효도하면 자식도 본받아서 자기에게 효도하게 된다는 것이다.

《 한문공부 》

- 孝 효도 효(子부 4획)　　孝行(효행) : 부모를 잘 섬김.
- 身 몸 신(身부 0획)　　　身熱(신열) : 병 때문에 나는 몸의 열.
- 旣 이미 기(无부 7획)　　旣往(기왕) : 이전.

△ 孝於親(효어친) : 부모에게 효도하다.
△ 何孝焉(하효언) : 어찌 효도할 것인가!

太公(태공)　본명은 呂尙(여상)인데, 呂望(여망)이라고도 한다. 渭水(위수) 가에서 낚시질을 하다가 文王(문왕)에게 등용되었으며, 문왕이 죽은 뒤 그의 아들 무왕을 도와 殷(은)의 폭군 紂(주)왕을 멸하고 周王朝(주왕조)를 창건하였다. 그 공로로 齊(제)나라에 봉하여져서 춘추시대를 거쳐 전국시대에 이르기까지 강대한 나라로서 오랫동안 존속되었다. 그는 때가 오기를 기다리며 낚시질을 즐겨 했기 때문에 오늘날에 있어서도 낚시꾼을 '강태공'이라는 말로 비유하고 있다.

* 6 *

孝順은 還生孝順子요
효 순   환 생 효 순 자

忤逆은 還生忤逆子하나니
오 역   환 생 오 역 자

不信커든 但看簷頭水하라
불 신   단 간 첨 두 수

點點滴滴不差移니라
점 점 적 적 불 차 이

《 풀이 》

효도하고 순한 사람은 또한 효도하고 순한 자식을 낳고, 불효한 사람은 또한 불효한 자식을 낳는다. 믿지 못하겠거든 저 처마 끝의 낙수를 보라. 방울방울 떨어져 내림이 어긋남이 없느니라.

《 새김 》

내 자식에게 악업을 물려주지 않으려거든 효도하고 순한 삶을 살아갈 것을 경계하고 있다.

《 한문공부 》

- 還 돌아올 환(辵〔辶〕부 12획)

  還甲(환갑) : 시초가 돌아온다는 뜻으로, 자기가 난 간지(干支)의 해가 돌아옴을 이름. 61세 = 回甲(회갑)

- 逆 거스를 역(辵〔辶〕부 6획)   逆賊(역적) : 자기 나라를 반역한 사람.
- 簷 처마 첨(竹부 13획)   簷端(첨단) : 처마 끝.
- 滴 떨어질 적(水〔氵〕부 11획) 滴水(적수) : 물방울.

△ 忤逆(오역) : 패역 또는 반역.

△ 差移(차이) : 어긋남.

제 4 편 효행(孝行) _ 41

정본 명심보감

明心寶鑑

제 5 편

正己

정기

항상 자신을 바르게 하라는 가르침

❋ 1 ❋

性理書에 云見人之善이어든 而尋己之
성리서   운견인지선   이심기지
善하고 見人之惡이어든 而尋己之惡이니
선   견인지악   이심기지악
如此면 方是有益이니라
여차   방시유익

《 풀이 》
성리서에 이르기를, "타인의 착한 것을 보거든 나의 착한 것을 찾고, 타인의 악한 것을 보거든 나의 악한 것을 찾을 것이니, 이와 같이 함으로써 바야흐로 유익함이 있을 것이다."

《 새김 》
他山之石(타산지석)이란 말이 있다. 아무리 쓸모없고 나쁜 사람이라도 자세히 살피면 반드시 무언가 배울 것이 있음을 강조한 것이다.

《 한문공부 》
- 理 다스릴 리(王부 7획)
  理性(이성) : 사물을 바르게 판단하는 능력.
- 尋 찾을 심(寸부 9획)
  尋問(심문) : 물어봄. 질문함.
- 益 더할 익(皿부 5획)
  益友(익우) : 사귀어서 유익한 친구.
△ 尋己之善(심기지선) : 나의 선함을 찾다.
△ 方(방) : 바야흐로. 드디어.

性理書(성리서) 性理學(성리학)에 관한 서적인 『大學(대학)』『中庸(중용)』『論語(논어)』『孟子(맹자)』등을 말한다.

* 2 *

景行錄_에 云_{하되}
경행록   운

大丈夫_는 當容人_{이언정}
대장부   당용인

無爲人所容_{이니라}
무위인소용

《 풀이 》

『경행록』에 이르기를 "군자는 마땅히 남을 용서할지언정 남의 용서를 받는 사람이 되지 말라"고 하였다.

《 새김 》

자기 자신의 몸과 마음을 올바로 가질 것을 교훈한 글이다.

《 한문공부 》

- 丈 어른 장(一부 2획)
  丈夫(장부) : 성인 남자. 씩씩하고 기개가 높은 남자.
- 夫 사내 부(大부 1획)
  夫婦(부부) : 남편과 아내.
- 容 용납할 용(宀부 7획)
  容恕(용서) : 잘못의 책임을 없애주어 꾸짖지 아니함.
△ 容人(용인) : 남을 용서하다.
△ 大丈夫(대장부) : 여기서는 군자의 뜻.
△ 無爲(무위) : 되지 않는다. 되지 말라.
△ 人所容(인소용) : 남의 용서를 받음. 所(소)는 피동의 뜻을 지님.

3

太公曰　勿以貴己而賤人하고
태공왈　물이귀기이천인

勿以自大而蔑小하고
물이자대이멸소

勿以恃勇而輕敵이니라
물이시용이경적

《 풀이 》

태공이 말씀하기를 "나를 귀하게 여기고서 남을 천하게 여기지 말고, 자기를 과시하고서 작은 이를 업신여기지 말고, 용맹을 믿고서 적을 가볍게 여기지 말 것이다"고 하였다.

《 새김 》

우리의 속담에 "병에 가득한 물은 저어도 소리가 나지 않는다" 하는 말과 마찬가지로 학식이 깊은 사람일수록 아는 체 떠들고 다니지 않는다는 뜻이다.

《 한문공부 》

- 賤 천할 천(貝부 8획)　　賤視(천시) : 업신여김.
- 蔑 업신여길 멸(艸〔艹〕부 11획)　　蔑視(멸시) : 업신여김.
- 恃 믿을 시(心〔忄〕부 6획)
  恃賴(시뢰) : 믿고 의지함.

△ 貴己(귀기) : 자기 자신을 귀하게 여기는 것.
△ 以貴己(이귀기) : 자신을 귀하게 여김으로써.
△ 勿(물) : ~하지 말라(금지의 뜻을 나타냄).
△ 恃勇(시용) : 용맹을 믿다.
△ 輕敵(경적) : 적을 가벼이 보다.

4

> 馬援曰　聞人之過失이어든
> 마 원 왈　문 인 지 과 실
> 如聞父母之名하여
> 여 문 부 모 지 명
> 耳可得聞이언정　口不可言也이니라
> 이 가 득 문　　　구 불 가 언 야

《 풀이 》

마원이 말씀하기를 "남의 허물을 듣거든 부모의 이름을 듣는 것과 같이 하여 귀로는 들을지언정 입으로는 말하지 말라"고 하였다.

《 새김 》

남의 허물은 탓하기 쉬운 일이다. 그러나 결코 해서는 아니되는 것은 남의 허물을 들추어내고 다니는 일이다.

《 한문공부 》

- 過 허물 과(辵〔辶〕부 9획)
  過失致死(과실치사) : 잘못 실수하여 죽음에 이르게 함.
- 失 잃을 실(大부 2획)
  失戀(실연) : 원하는 이성과의 사랑을 이루지 못함.
- 如 같을 여(女부 3획)
  如反掌(여반장) : 손바닥을 뒤집는 것과 같이 아주 쉬운 일.
△ 如聞父母之名(여문부모지명) : 부모의 이름을 듣는 것처럼 하다.
△ 耳可得聞(이가득문) : 귀로는 가히 들을 수 있음.
△ 口不可言(구불가언) : 입으로 말해서는 아니 됨.

제 5 편 정기(正己) _ 47

5

康節 邵先生 曰
강절 소선생 왈

聞人之謗이라도 未嘗怒하며
문인지방 미상노

聞人之譽라도 未嘗喜하며
문인지예 미상희

聞人之惡이라도 未嘗和하며
문인지악 미상화

聞人之善이면 則就而和之하고
문인지선 즉취이화지

又從而喜之니라
우종이희지

其詩에 曰
기시 왈

樂見善人하며 樂聞善事하며
낙견선인 낙문선사

樂道善言하며 樂行善意하고
낙도선언 낙행선의

聞人之惡이어든 如負芒刺하고
문인지악 여부망자

聞人之善이어든 如佩蘭蕙니라
문인지선 여패난혜

《 풀이 》

강절 소선생이 말씀하기를 "타인이 나를 비방하는 것을 들어도 성내지 않으며, 타인이 나를 좋게 소문하는 것을 들어도 기뻐하지 말 것이다. 타인의 악한 것을 듣더라도 동조하지 말며, 타인의 착한 것을 듣거든 곧 나아가 이것을 정답게 하고 또 따라서 기뻐할 것이다"고 하였다.

그 시에 이렇게 말했다.
착한 사람 보기를 즐거워하며
착한 일 듣기를 즐거워하라
착한 말 전하기를 즐거워하며
착한 뜻 행하기를 즐거워하라
다른 사람의 악을 듣거든
가시를 몸에 지닌 것같이 하고
다른 사람의 착함을 듣거든
난초를 몸에 지닌 것같이 하라

《 새김 》

다른 사람으로부터 비방하는 말을 들었을 때는 자신을 반성하고, 남이 나를 칭찬해도 기뻐하지 말라. 또 선한 마음을 간직해 은은한 난의 향기가 피어나듯 인격을 갖추라는 뜻.

《 한문공부 》

- 譽 기릴 예(言부 14획)   名譽(명예) : 이름을 기리다.
- 負 짐질 부(貝부 2획)   負傷(부상) : 상처를 입음.
- 芒 가스랭이 망(艸부 3획) 芒刺(망자) : 가시
- 刺 찌를 자, 가시 자(刀〔刂〕부 6획) 刺戟(자극) : 정신을 흥분시킴.

△ 謗(방) : 비방. 나쁘게 비평하는 말.
△ 未嘗(미상) : 늘 ~하지 않음.
△ 譽(예) : 명예. 칭찬하는 말.
△ 和(화) : 동조하다.
△ 佩(패) : 몸에 지니다.
△ 蘭蕙(난혜) : 난초

6

道 吾善者는 是吾賊이요
도 오 선 자 시 오 적

道 吾惡者는 是吾師이니라
도 오 악 자 시 오 사

《 풀이 》

나보고 착하다고 말하는 사람은 곧 내게 해로운 사람이요, 나의 좋지 못한 점을 깨우쳐 주는 사람은 곧 나의 스승이다.

《 새김 》

나를 비판하여 허물을 충고해 주는 사람이야말로 진정으로 나를 위해 주고 도와 주는 사람이니, 비판하는 말을 잘 듣고서 잘못을 고쳐야 한다는 뜻.

《 한문공부 》

- 賊 도적 적(貝부 6획)
  賊反荷杖(적반하장) : 도적이 도리어 매를 든다는 뜻으로, 잘못한 사람이 도리어 아무 잘못도 없는 사람에게 시비나 트집을 잡는 것.
- 吾 나 오(口부 4획)
  吾等(오등) : 우리들.
- 師 스승 사(巾부 7획)
  師表(사표) : 학식과 인격이 높아 남의 모범이 됨.
- △ 道(도) : 말하다. 言(언)과 같음.
- △ 吾(오) : 나. 자기자신.

* 7 *

太公曰　勤爲無價之寶요
태공왈　근위무가지보

愼是護身之符니라
신시호신지부

《 풀이 》

태공이 말씀하였다. "부지런함은 값이 없는 보배가 되고, 신중함은 몸을 보호하는 부적이다."

《 새김 》

누구나 부지런하고 말과 행동에 근신함을 보이면 올바른 삶의 길을 걷고 있다고 할 것이다.

《 한문공부 》

- 價 값 가(亻부 13획)
  價値(가치) : 사물의 유용성의 정도나 중요성의 정도.
- 愼 삼갈 신(心〔忄〕부 10획)
  愼重(신중) : 삼가서 경솔하지 않음.
- 護 보호할 호(言부 14획)
  護送(호송) : 죄인을 압송함.
△ 無價之寶(무가지보) : 값을 매길 수 없는 귀중한 보배.
△ 愼(신) : 몸과 마음을 삼가는 것.
△ 是(시) : ①이것. ②옳다. ③~이다. 여기서는 ③의 뜻.
△ 符(부) : 부적

＊8＊

子曰 君子有三戒하니
자왈 군자유삼계
少之時엔 血氣未定이라
소지시   혈기미정
戒之在色하고
계지재색
及其壯也하면 血氣方剛이라
급기장야   혈기방강
戒之在鬪하고
계지재투
及其老也하면 血氣旣衰라
급기노야   혈기기쇠
戒之在得이니라
계지재득

【 풀이 】

공자가 말씀하였다. "군자는 세 가지 경계할 것이 있으니, 청년기 때에는 혈기가 정하여지지 않아서 경계할 것이 색(色 : 이성관계)에 있고, 장년기 때에 이르면 혈기가 한창 강성하여서 경계할 것이 싸움에 있고, 노년기에 이르러서는 혈기가 이미 쇠하였으므로 경계할 것이 욕심내어 얻으려는 데에 있다."

【 새김 】

여색은 젊은 사람의 총명을 미혹되게 하고, 싸움은 장년의 삶을 투쟁으로 이끌어가고, 욕심는 늙어서 많이 생긴다. 그러므로 인간은 세 가지를 잘 다스려야 행복하게 살 수 있다.

《 한문공부 》

- 戒 경계할 계(戈부 3획)

  戒嚴(계엄) : 비상시에 군대로써 치안을 유지하는 일.

- 血 피 혈(血부 0획)

  血壓(혈압) : 혈관벽에 미치는 피의 압력.

- 及 미칠 급(又부 2획)

  及第(급제) : 시험에 합격함.

- 方 바야흐로 방(方부 0획)

  方濃(방농) : 바야흐로 짙어감.

- 剛 굳셀 강(刀부 8획)

  剛健(강건) : 굳세고 튼튼함.

- 鬪 싸울 투(鬥부 10획)

  鬪爭(투쟁) : 싸우고 다툼. 싸움.

△ 三戒(삼계) : 세 가지 경계해야 할 계율.

△ 戒之在色(계지재색) : 경계하는 것이 색에 있음. 여기서 之(지)는 주격으로 쓰임.

△ 其(기) : 동사 앞에 놓이면 주격으로 쓰임. '그것이', '그 사람이' 의 뜻.

△ 及其壯也(급기장야) : 그 사람이 장년에 이르면.

△ 旣衰(기쇠) : 이미 쇠퇴함.

△ 得(득) : 탐욕으로 물건을 얻으려는 것.

9

孫眞人의 養生銘에 云하였으되
손진인 양생명   운

怒甚偏傷氣요 思多太損神이라
노심편상기   사다태손신

神疲心易役이요 氣弱病相因이라
신피심이역   기약병상인

勿使悲歡極하고 當令飮食均하며
물사비환극   당영음식균

再三防夜醉하고 第一戒晨嗔하라
재삼방야취   제일계신진

《 풀이 》

손진인 양생명에 이르기를 "성내는 것이 심하면 기운이 한쪽으로 편벽되어 상하게 되고, 생각을 자주 많이 하면 정신이 크게 상하게 된다. 정신이 피곤하면 마음이 쉽게 고달파지고, 기운이 약하면 그에 따라서 병이 생긴다. 슬픔과 기쁨을 지나치게 표현하지 말고, 음식은 골고루 섭취할 것이며, 밤에 술 취하는 것을 거듭 삼가고, 새벽에 성내는 것을 가장 경계할 것이다"고 하였다.

《 새김 》

손진인이라는 사람의 양생법. 너무 심하게 화도 내지 말고, 너무 심하게 생각하지 말며, 슬픔과 기쁨도 너무 심하게 표현하지 말아야 건강에 좋다는 것이다.

《 한문공부 》

- 銘 새길 명(金부 6획)
  銘心(명심) : 마음에 새김. 잊지 아니함.
- 歡 기뻐할 환(欠부 18획)
  歡呼(환호) : 기뻐서 고함을 지름.
- 醉 술취할 취(酉부 8획)
  醉客(취객) : 술에 취한 사람. 주정꾼.

△ 養生(양생) : 심신을 건강하게 보존하고 기른다는 뜻.
△ 太損神(태손신) : 정신을 크게 소모시키는 것.
△ 易(이, 역) : ① 쉽다(이). ② 바뀌다(역). 여기서는 ①의 뜻.
△ 使(사), 令(영) : ~하게 하다.(사역의 의미를 지님)
△ 晨嗔(신진) : 새벽에 화를 내는 것.

孫眞人(손진인) 孫(손)씨 성을 가진 道家(도가)의 眞人(진인). 진인은 참된 도를 체득한 사람, 진리를 깨달은 사람을 말하며, 道士(도사)의 최고 칭호이다.

10

景行錄에 曰 保生者는 寡慾하고
경행록   왈 보생자   과욕
保身者는 避名이니
보신자   피명
無慾은 易나 無名은 難이니라
무욕   이   무명   난

【 풀이 】
『경행록』에 이르기를 "삶을 보존하려는 사람은 욕심을 적게 하고, 몸을 보호하려는 사람은 그 이름이 세상에 널리 퍼지는 것을 피하는 법이다. 그러나 욕심을 없애기는 쉬운 일이로되, 이름 내려는 마음을 없애기는 어려운 것이다"라 하였다.

【 새김 】
삶을 온전히 보전하고 싶다면 욕심을 줄이라고 경고한 글이다.

【 한문공부 】
• 保 보호할 보(亻부 7획)
  保護(보호) : (위험 따위로부터) 약한 것을 잘 돌보아 지킴.
• 寡 적을 과(宀부 11획)
  寡人(과인) : 寡德之人(과덕지인)의 준말. 임금이 스스로 낮춰서
            하는 말.
• 避 피할 피(辵[辶]부 13획)
  避亂(피란) : 난리를 피함.
△ 保生者(보생자) : 삶을 온전히 보전하려는 사람.
△ 寡慾(과욕) : 욕망을 적게 하다.
△ 易(이) : 수월하다. 쉽다.

✻ 11 ✻

景行錄에 曰 食淡精神爽이요
경 행 록   왈   식 담 정 신 상
心淸夢寐安이니라
심 청 몽 매 안

【 풀이 】

『경행록』에 이르기를 "먹는 음식이 담박하면 마음이 상쾌하고, 마음이 맑으면 꿈자리도 편안하다"고 하였다.

【 새김 】

마음 속을 깨끗하게 함으로써 잠을 편히 잘 수 있다. 그리고 잠을 잘 자야 건강하고 밝은 생활을 할 수 있다.

【 한문공부 】

- 淡 묽을 담(水〔氵〕부 8획)
  淡水(담수) : 염분이 없는 맑은 물.
- 爽 상쾌할 상(爻부 7획)
  爽快(상쾌) : 마음이 시원하고 거뜬함.
- 夢 꿈 몽(夕부 11획)
  夢寐間(몽매간) : 꿈꾸는 동안
- △ 食淡(식담) : 음식이 담박하고 산뜻함.
- △ 夢寐(몽매) : 잠들어 꿈속에서도

* 12 *

定心應物하면　雖不讀書라도
정 심 응 물　　　수 불 독 서
可以爲有德君子이니라
가 이 위 유 덕 군 자

《 풀이 》

마음가짐을 맑고 안정되게 하여 모든 일에 응한다면 비록 글을 읽지 않았더라도 덕이 있는 군자가 될 수 있다.

《 새김 》

군자란 반드시 많은 글을 읽고 박식해야 되는 것은 아니다. 마음가짐을 바로 하고, 사리판단을 잘 할 수 있다면 바로 군자라고 할 수 있는 것이다.

《 한문공부 》

- 定 정할 정(宀부 5획)
  定款(정관) : 정해진 조목.
- 應 응할 응(心부 13획)
  應當(응당) : 당연함.
- 德 큰 덕(彳부 12획)
  德望(덕망) : 많은 사람이 그의 덕을 경모함.
△ 應物(응물) : 사물에 대응하는 것.
△ 雖(수) : 비록 ~라 하더라도.
△ 讀書(독서) : 공부를 많이 하는 것.
△ 爲(위) : ~이 되다.

13

近思錄에 云 懲忿을 如救火하고
근사록   운 징분   여구화
窒慾을 如防水하라
질욕   여방수

《 풀이 》

『근사록』에 이르기를 "분함을 누르기를 불을 끄듯이 하고, 욕심을 누르기를 물을 막듯이 할지니라."

《 새김 》

분노하는 감정이 솟아나도 이성을 잃지 않고 잘 다스리고, 정도를 벗어나면서까지 욕심을 부리게 되면 몸과 집을 망치게 되니 특별히 유의해야 할 것이다.

《 한문공부 》

• 懲 징계할 징, 억누를 징(心부 15획)
  懲戒(징계) : 허물이나 잘못을 뉘우치도록 경계하고 나무람.
• 忿 분할 분(心부 4획)
  忿怒(분노) : 몹시 성냄.
• 窒 막을 질(穴부 6획)
  窒息(질식) : 숨이 막힘.
△ 懲忿(징분) : 분한 마음이 일어나지 않도록 하는 것.
△ 窒慾(질욕) : 욕심을 막는 것.

近思錄(근사록) 중국 송나라 때 朱子(주자)와 그의 제자 呂祖謙(여조겸)이 함께 지은 책. 사람이 교양을 높이고, 처세를 바르게 하며, 養生(양생)을 하는데 있어 필요한 金言(금언) 622개를 추려내 14부로 분류했다.

* 14 *

夷堅志에 云 避色을 如避讐하고
이 견 지   운   피 색   여 피 수

避風을 如避箭하며
피 풍   여 피 전

莫喫空心茶하고 少食中夜飯하라
막 끽 공 심 다   소 식 중 야 반

《 풀이 》

『이견지』에 이르기를 "여색 피하기를 원수 피하듯이 하고, 바람 피하기를 화살 피하듯이 하라. 빈 속에 차를 마시지 말 것이며, 한 밤중에는 밥을 적게 먹도록 하라"고 하였다.

《 새김 》

여자들 탐하다가 단명하고, 바람을 쐬게 되면 병에 걸릴 염려가 있고, 빈 속에 차를 마시면 위장을 해칠 염려가 있으며, 밤중에 음식을 많이 먹으면 신체에 장애를 가져오기 때문에 역시 조심해야 할 일이다.

《 한문공부 》

- 讐 원수 수(言부 16획) 讐仇(수구) : 원수.
- 喫 마실 끽(口부 9획) 喫煙(끽연) : 담배를 피움.
- 飯 밥 반(食부 4획) 飯酒(반주) : 밥에 곁들이는 술.

△ 箭(전) : 화살
△ 空心(공심) : 빈 마음. 여기서는 빈속, 공복(空腹)의 뜻.

夷堅志(이견지) 중국 宋代(송대)의 洪邁(홍매)가 엮은 說話集(설화집). 모두 420권이나 약 절반만 전해지고 있다. 송나라 초기부터 당시까지 민간에서 일어난 이상한 사건이나 괴담을 모은 책이다.

※ 15 ※

荀子 曰 無用之辯과
순 자 왈 무 용 지 변

不急之察을 棄而勿治하라
불 급 지 찰 기 이 물 치

《 풀이 》

순자가 말씀하기를 "쓸데없는 말과 급하지 않은 일은 버려 두고 다스리지 말라"고 하였다.

《 새김 》

불교에서는 '허망한 말은 모두 죄' 라고 가르쳤고, 공자께서는 "평생 선을 행해도 한 마디 말의 잘못으로 이를 깨뜨린다"고 했다.

《 한문공부 》

- 用 쓸 용(用부 0획)

  用途(용도) : 쓰는 자리나 방면.

- 察 살필 찰(宀부 11획)

  察知(찰지) : 살펴서 앎. 미루어 앎.

- 棄 버릴 기(木부 6획)

  棄權(기권) : 자기의 권리를 버리고 쓰지 아니함.

- 治 다스릴 치(氵부 5획)

  治療(치료) : 병을 낫게 하기 위하여 하는 의학적 처리.

荀子(순자) 중국 戰國(전국)시대의 유학자. 荀況(순황), 荀卿(순경), 孫卿(손경) 등 여러 이름으로 불리운다. 맹자의 性善說(성선설)에 대하여 순자는 性惡說(성악설)을 주장하였다. 法家(법가)인 韓非子(한비자)나 진시황 때 정치가이며 문인으로 이름 높았던 李斯(이사) 등도 모두 그의 문인이다. 저서로『荀子(순자)』가 있다.

* 16 *

子曰 衆이 好之라도 必察焉하며
자왈 중 호지   필찰언
衆이 惡之라도 必察焉이니라
중   오지   필찰언

《 풀이 》

공자가 말씀하기를 "모든 사람이 좋아 하더라도 반드시 살펴야 하며, 모든 사람이 미워하더라도 반드시 살펴야 한다"고 하였다.

《 새김 》

떠도는 평판만으로 사람을 평가할 때 범하기 쉬운 어리석음을 경계한 글이다.

《 한문공부 》

- 衆 무리 중(血부 6획)
  衆口難防(중구난방) : 여러 사람의 입은 막기 어려움.
- 好 좋아할 호(女부 3획)
  好轉(호전) : 형편이 좋아짐.
- 必 반드시 필(心부 1획)
  必需(필수) : 꼭 필요함. 꼭 쓰임.

△ 衆(중) : 대중. 모든 사람.
△ 好之(호지) : 좋아하다.
△ 惡之(오지) : 미워하다. 싫어하다.
△ 焉(언) : 어조사. 대개 문장의 끝에 놓이며 특별한 뜻은 지니지 않음.

* 17 *

酒中不語는 眞君子요
주 중 불 어   진 군 자

財上分明은 大丈夫이니라
재 상 분 명   대 장 부

《 풀이 》

술 취한 가운데도 말이 없음은 참다운 군자요, 재물에 대하여 분명함은 진짜 사나이다.

《 새김 》

술을 마시면 말이 많아지는 병폐를 경계한 글이다. 공자도 술을 마셨다. 그러나 결코 난잡한 데 이르지 않았다고 기록돼 있다.

《 한문공부 》

- 眞 참 진(目부 5획)
  眞談(진담) : 진정으로 하는 말. 참말 ↔ 弄談(농담)
- 財 재물 재(貝부 3획)
  財閥(재벌) : 대자본을 가지고 경제계에 큰 세력을 미치는 자본가.
- 丈 어른 장(一부 2획)
  丈人(장인) : 아내의 친아버지
△ 酒中(주중) : 술 취한 중임.
△ 不語(불어) : 말이 없다. 말이 적다.

* 18 *

萬事從寬이면 其福自厚이니라
만 사 종 관   기 복 자 후

《 풀이 》

모든 일에 너그러움을 베풀면 그 복이 저절로 두터워진다.

《 새김 》

인생의 덕목 가운데 가장 으뜸가는 것이 바로 관용, 즉 타인에게 베푸는 너그러움이다.

《 한문공부 》

- 從 좇을 종(彳부 8획)
  從軍(종군) : 군대를 따라 싸움터로 나감.
- 寬 너그러울 관(宀부 12획)
  寬厚(관후) : 너그럽고 인정이 후함.
- 自 스스로 자(自부 0획)
  自白(자백) : 스스로 지은 죄를 고백함.
- 厚 두터울 후(厂부 7획)
  厚待(후대) : 두터운 대우.
- △ 從(종) : 따르다. 좇다.

※ 19 ※

太公曰 欲量他人인댄 先須自量하라
태공왈 욕량타인   선수자량

傷人之語는 還是自傷이니
상인지어   환시자상

含血噴人이면 先汚其口이니라
함혈분인   선오기구

《 풀이 》

태공이 말씀하기를 "다른 사람을 알려고 하거든 먼저 모름지기 자신을 헤아려 보자. 다른 사람을 해치는 말은 도리어 자신을 해치는 것이며, 피를 머금어 다른 사람에게 뿜으면 먼저 자신의 입이 더러워진다"고 하였다.

《 새김 》

다른 사람을 비난할 때는 먼저 스스로를 돌아볼 필요가 있다. 남을 아는 사람은 현명한 사람이고, 자신을 아는 사람은 덕이 있는 사람이다.

《 한문공부 》

- 量 헤아릴 량(里부 5획)　力量(역량) : 일을 해낼 수 있는 재량.
- 噴 뿜을 분(口부 12획)

　噴火(분화) : ①불을 내뿜음. ②화산이 폭발하여 불을 내뿜는 일.
- 汚 더러울 오(水〔氵〕부 3획)

　汚吏(오리) : 청렴치 못한 관리. 부정을 행하는 관리.

△ 欲量(욕량) : 헤아려 보고자 함.

△ 還(환) : 도리어. 오히려.

△ 含血(함혈) : 피를 머금다.

※ 20 ※

凡戱는 無益이요 惟勤이 有功이니라
범 희   무 익   유 근   유 공

《 풀이 》

무릇 모든 유희는 이로울 것이 없으며, 오직 부지런함만이 공을 이루리라.

《 새김 》

삶에 주어진 소중한 시간을 물처럼 흘려 보내지 말고 부지런히 일을 해서 삶의 보람을 찾는 것이 제일이다.

《 한문공부 》

- 戱 놀이 희(戈부 3획)

  戱弄(희롱) : 장난으로 놀림. 데리고 놂.

- 惟 오직 유(心〔忄〕부 8획)

  惟獨(유독) : 다만. 홀로 = 唯獨(유독)

- 功 공 공(力부 3획)

  功勞(공로) : 일에 애쓴 공력

△ 無益(무익) : 얻는 것이 없다. 이익이 없음.

＊ 21 ＊

太公曰　瓜田에　不納履하고
태공왈　과전　불납리

李下에　不整冠이니라
이하　부정관

【 풀이 】

태공이 말씀하기를 "남의 외밭에서는 신발을 고쳐 신지 말고, 오얏나무 아래에서는 갓을 고쳐 쓰지 말라"고 하였다.

【 새김 】

남에게 의심받을 일은 아예 처음부터 하지 않는 것이 가장 현명한 처신이다.

【 한문공부 】

- 納 들일 납(糸부 4획)
  納骨(납골) : 죽은 사람의 유골을 거두어 들임.
- 履 밟을 리, 신 리(尸부 12획)
  履修(이수) : 순서를 밟아 학과를 익히고 닦음.
- 冠 갓 관(冖부 7획)
  冠略(관략) : 편지나 소개장 등의 첫머리에 쓰는 말.

△ 瓜田(과전) : 외밭.
△ 納履(납리) : 신을 신다.
△ 整(정) : 바로잡다 = 正(정)

* 22 *

景行錄(경행록)에 曰(왈)
心可逸(심가일)이언정 形不可不勞(형불가불로)요
道可樂(도가락)이언정 心不可不憂(심불가불우)니
形不勞則怠惰易弊(형불로즉태타이폐)하고
心不憂則荒淫不定(심불우즉황음부정)이라
故(고)로 逸生於勞而常休(일생어로이상휴)하고
樂生於憂而無厭(낙생어우이무염)하나니
逸樂者(일락자)는 憂勞(우로)를 豈可忘乎(기가망호)아

《 풀이 》

『경행록』에 이르기를 "마음은 편할 수 있을지언정 몸은 일을 하지 않으면 안되고, 도(道)는 즐길 수 있을지언정 마음은 근심을 염두에 두지 않으면 안된다. 몸은 일하지 않으면 게을러져서 허물어지기가 쉽고, 마음은 우환을 생각하지 않으면 방탕에 빠져서 행동을 정하지 못한다.

그러므로 편안한 것은 고달프게 일하는 데서 생겨야 언제나 즐겁고, 즐거움은 근심하는 데에서 생겨야 싫음이 없으니, 편안하고 즐거운 사람이 어찌 근심과 수고로움을 잊을 수 있겠는가!"

【 새김 】

사람은 언제나 정도를 벗어나지 않고 방탕하지 않아야 한다. 고달프게 일하고 노력하는 데서 비로소 참다운 즐거움을 얻을 수 있는 것이다.

【 한문공부 】

- 逸 편안할, 뛰어날, 드러나지 않을 일(走[辶]부 8획)
  安逸(안일) : 편안하고 한가함.
- 惰 게으를 타(心[忄]부 9획)
  惰性(타성) : 종래의 습관. 굳어진 버릇.
- 淫 음란할 음(水[氵]부 8획)
  淫亂(음란) : 음탕하고 난잡함.
- 厭 싫어할 염(厂부 12획)
  厭世(염세) : 세상은 덧없는 것이라고 비관함.

△ 心可逸(심가일) : 마음은 가히 편안히 할 수 있다.
△ 不可不(불가불) : ~하지 않으면 안 됨. 不得不(부득불)과 같은 뜻.
△ 易弊(이폐) : 쉽게 무너지다. 허물어지기 쉽다.
△ 荒淫(황음) : 주색에 빠져서 방탕하는 것.
△ 於(어) : ~에서.
  樂生於憂(낙생어우) : 즐거움은 근심에서 생김.
△ 豈可忘乎(기가망호) : 어찌 잊을 수 있겠는가!

＊ 23 ＊

耳不聞人之非하고
이불문인지비
目不視人之短하고
목불시인지단
口不言人之過라야　庶幾君子이니라
구불언인지과　　　　서기군자

【 풀이 】

귀로는 타인의 그릇됨을 듣지 말고, 눈으로는 타인의 단점을 보지 말며, 입으로는 타인의 허물을 말하지 않아야만 군자라고 할 수 있다.

【 새김 】

사람은 누구나 타인의 잘못이나 결점은 잘 들추어 내고 말하면서도 자신의 잘못과 허물에는 눈을 감게 마련이다. 그러므로 남의 허물을 보지도 않고 듣지도 않고 말하지 않는 것이 거의 군자에 가깝다고 할 수 있다.

【 한문공부 】

- 視 볼 시(見부 5획)
  視察(시찰) : 실제로 돌아다니며 사정을 살펴봄.
- 短 짧을 단(矢부 7획)
  短刀(단도) : 짧은 칼.
- 庶 무리, 가까울 서(广부 8획)
  庶民(서민) : 백성. 평민

△ 耳不聞(이불문) : 귀로 듣지 않다.
△ 庶幾(서기) : 거의.

※ 24 ※

蔡伯喈 曰 喜怒는 在心하고
채 백 개   왈   희 로   재 심

言出於口하나니 不可不愼이니라
언 출 어 구   불 가 불 신

《 풀이 》

채백개가 말씀하기를 "기쁨과 노여움은 마음 속에 있으나, 말이란 입 밖으로 나가는 것이니 삼가지 않을 수 없다."

《 새김 》

말은 조심해서 하지 않으면 그로 인해서 재앙과 근심을 불러들이고 사업과 몸을 망치는 경우가 많다. 언제나 말은 신중을 기해서 해야 하며 조심하도록 노력해야 한다.

《 한문공부 》

- 喜 기쁠 희(口부 9획)
  喜悅(희열) : 기뻐함. 기쁨.
- 怒 노할 노(心부 5획)
  怒聲(노성) : 성난 목소리
- 在 있을 재(土부 3획)
  在鄕軍人(재향군인) : 현역 복무를 마친 사람.
△ 喜怒(희로) : 기쁨과 노여움.
△ 言出於口(언출어구) : 말은 입에서 나옴.

蔡伯喈(채백개) 중국 後漢(후한) 靈帝(영제) 때 학자로, 이름은 邕(옹), 자는 伯喈(백개). 서예의 永字八法(영자팔법)을 고안한 사람이다.

紫虛元君 誠諭心文에 曰
자허원군 성유심문 왈

福生於淸儉하고 德生於卑退하고
복생어청검 덕생어비퇴

道生於安靜하고 命生於和暢하고
도생어안정 명생어화창

憂生於多慾하고 禍生於多貪하고
우생어다욕 화생어다탐

過生於輕慢하고 罪生於不仁이니라
과생어경만 죄생어불인

戒眼莫看他非하고
계안막간타비

戒口莫談他短하고
계구막담타단

戒心莫自貪嗔하고
계심막자탐진

戒身莫隨惡伴하고
계신막수악반

無益之言을 莫妄說하고
무익지언 막망설

不干己事를 莫妄爲하고
불간기사 막망위

尊君王孝父母하고
존군왕효부모

敬尊長奉有德하고
경존장봉유덕

別賢愚恕無識하고
별현우서무식

物順來而勿拒하며
물 순 래 이 물 거

物旣去而勿追하고
물 기 거 이 물 추

身未遇而勿望하며
신 미 우 이 물 망

事已過而勿思하라
사 이 과 이 물 사

聰明도 多暗昧요 算計도 失便宜니라
총 명   다 암 매   산 계   실 편 의

損人終自失이요 依勢禍相隨라
손 인 종 자 실   의 세 화 상 수

戒之在心하고 守之在氣라
계 지 재 심   수 지 재 기

爲不節而亡家하고 因不廉而失位니라
위 불 절 이 망 가   인 불 염 이 실 위

勸君自警於平生하나니
권 군 자 경 어 평 생

可歎可驚而可思니라
가 탄 가 경 이 가 사

上臨之以天鑑하고
상 임 지 이 천 감

下察之以地祇라 明有三法相繼하고
하 찰 지 이 지 지   명 유 삼 법 상 계

暗有鬼神相隨라 惟正可守요
암 유 귀 신 상 수   유 정 가 수

心不可欺니 戒之戒之하라
심 불 가 기   계 지 계 지

《 풀이 》

㉠ 자허원군의 「성유심문」에 이르기를 "복은 청렴하고 검소한 데서 생기고, 덕은 자신을 낮춰 겸손한 데서 생기고, 도는 편안하고 고요한 데서 생기고, 생명은 화창한 데서 생기고, 근심은 욕심이 많은 데서 생기고, 재앙은 탐욕이 많은 데서 생기고, 허물은 경솔하고 교만한 데서 생기고, 죄악은 어질지 못한 데서 생겨난다.

㉡ 눈을 경계하여 다른 사람의 그릇됨을 보지 말고, 입을 경계하여 다른 사람의 단점을 말하지 말고, 마음을 경계하여 탐내거나 화내지 말고, 몸을 경계하여 나쁜 친구를 사귀지 말라. 유익하지 않은 말은 함부로 하지 말고, 나와 관계없는 일을 함부로 하지 말라. 임금을 높이 받들고, 부모에게는 효도하며, 웃어른을 삼가 존경하고, 덕있는 사람을 우러러 받들며, 어진 사람과 어리석은 사람을 분별하고, 무식한 사람을 꾸짖지 말고 용서하고, 세상 일은 순리대로 좇아 물리치지 말며, 이미 지나갔거든 좇지 말고, 몸이 불우하게 되었어도 잘되기를 바라지 말며, 일이 이미 지나갔거든 이를 생각하지 말라.

㉢ 총명한 사람도 때로는 그 생각이 어리석을 수 있고, 치밀하게 계획을 세웠어도 편의(便宜)를 잃는 수가 있다. 다른 사람에게 손해를 끼치면 자신도 마침내 손해를 입을 것이며, 세력을 믿고 그에 의존하면 재앙이 따를 것이다. 경계하는 것은 마음 속에 있고, 지키는 것은 의기에 있다.

㉣ 절약하지 않으면 집을 망하게 하고, 청렴하지 않으면 지위를 잃게 된다. 그대에게 평생을 두고 스스로 경계할 것은 권하건대, 가히 감탄하고 놀랍게 여겨 잘 새겨 두도록 하라.

위에는 하늘이 굽어보고, 아래에는 땅의 신령이 살피고, 밝은 곳에는 삼법(三法)이라는 것이 있어 서로 계승하며, 어두운 곳에는 귀신이 있어 서로 따른다. 오직 바른 것을 지키고 마음을 속이지 말 것이니, 이를 경계하고 경계할 것이다"고 하였다.

《 새김 》

맑고 검소한 생활은 복을 불러오는 계기가 되고, 마음이 편안하고 고요하면 정신이 통일되어 진리를 깨달을 수 있고, 마음이 너그럽고 유쾌하면 건강을 오래 유지할 수 있다. 세력에 아부하는 것은 재앙을 불러오는 끈을 잡아당기는 것이며, 그 세력이 무너질 때 자신도 함께 몰락을 당하는 것은 당연한 일이다. 모든 일에 양심을 속이는 일이 없도록 각별히 경계하고 또 경계해야만 한다.

《 한문공부 》

- 暢 화창할 창(日부 10획)
  暢達(창달) : ① 구김살 없이 자라남. ② 거침없이 발달함.
- 慢 거만할 만(心〔忄〕부 11획)
  慢性(만성) : 병이 급하지도 않고 속히 낫지도 않는 성질.
- 隨 따를 수(阜〔阝〕부 13획)
  隨筆(수필) : 형식에 얽매이지 않고 보고 느낀 것을 생각나는 대로 쓴 글.
- 愚 어리석을 우(心부 9획)
  愚弄(우롱) : 남을 어리석게 만들어 놀림.
- 昧 어두울 매(日부 5획)   愚昧(우매) : 어리석고 둔하다.
- 廉 청렴할 렴(广부 10획)   廉價(염가) : 싼 값.
- 鑑 거울 감(金부 14획)
  鑑賞(감상) : 예술 작품의 가치를 음미하고 이해함.

△ 誠諭心文(성유심문) : 정성껏 마음을 깨우치는 글이라는 뜻.
△ 貪嗔(탐진) : 탐내고 성내는 것.
△ 地祇(지지) : 地神(지신). 땅의 신령.
△ 三法(삼법) : 輕(경) · 中(중) · 重(중) 세 가지 용법.

紫虛元君(자허원군) 道家에 속하며, 연대와 이름은 분명치 않다.

* 26 *

宰予晝寢이어늘
재 여 주 침
子曰 朽木은 不可雕也요
자 왈 후 목 불 가 조 야
糞土之墻은 不可圬也니라
분 토 지 장 불 가 오 야

《 풀이 》

재여가 낮잠을 자고 있는 것을 보고 공자께서 말씀하였다. "썩은 나무는 조각할 수 없고, 썩은 흙으로 친 담은 흙손질을 할 수 없다."

《 새김 》

재여가 낮잠을 자자 공자가 크게 책망하고 노하는 것이다. 정신이 썩은 사람에게 꾸지람은 해서 무엇하겠는가 한탄하고 있는 글이다. 정신이 똑바르지 않으면 아무리 학문을 닦은들 쓸모가 없다.

《 한문공부 》

- 朽 썩을 후(木부 2획)
  朽落(후락) : 낡고 썩어서 못 쓰게 됨.
- 糞 더러울 분(米부 11획)   糞尿(분뇨) : 대변과 소변.
- 墻 담 장(土부 13획)   墻垣(장원) : 담.

△ 晝寢(주침) : 낮잠.

△ 糞土(분토) : 썩어서 찰기가 없는 흙.

△ 圬(오) : 흙손질하는 것.

宰予(재여) 중국 춘추시대 魯(노)나라 사람으로 공자의 제자이다. 자는 子我(자아), 宰我(재아). 孔門十哲(공문십철)의 한 사람으로 子貢(자공)과 함께 언변에 능했다.

제 6 편

安分

분수에 맞게 살라는 가르침

※ 1 ※

景行錄에 云
경행록   운
知足可樂이요 務貪則憂니라
지 족 가 락   무 탐 즉 우

〖 풀이 〗

『경행록』에 이르기를 "만족함을 알면 가히 즐거울 것이요, 탐욕에 힘쓰면 근심스러울 것이다."

〖 새김 〗

무슨 일이든지 만족할 줄 모르는 것 이상의 불행은 없다. 만족할 줄 알고 분수를 지키는 것을 처세의 큰 교훈으로 삼아야 한다.

〖 한문공부 〗

- 知 알 지(矢부 3획)
  知覺(지각) : 감관에 의하여 외계(外界)의 사물을 인식하는 기능.
- 務 힘쓸 무(力부 9획)
  務望(무망) : 간절히 바람.
- 憂 근심 우(心부 11획)
  憂患(우환) : 집안의 복잡한 일이나 환자로 인한 걱정.
- △ 知足(지족) : 분수를 지켜 만족할 줄 아는 것.
- △ 務貪(무탐) : 탐욕에 힘쓰는 것.

* 2 *

知足者는 貧賤亦樂이요
지 족 자   빈 천 역 락

不知足者는 富貴亦憂니라
부 지 족 자   부 귀 역 우

【 풀이 】
만족할 줄 아는 사람은 빈천하여도 또한 즐거우나, 만족할 줄 모르는 사람은 부귀해도 또한 근심한다.

【 새김 】
누추한 곳에서 천하게 살면서도 늘 스스로 만족하고 즐겁게 살면서 생활의 기쁨을 찾아 내는 것이 중요하다.

【 한문공부 】
- 足 족할 족(足부 0획)
  不足(부족) : 모자람.
- 貧 가난할 빈(貝부 4획)
  貧寒(빈한) : 가난하고 쓸쓸함.
- 賤 천할 천(貝부 8획)
  賤待(천대) : 업신여겨 푸대접함.

△ 知足者(지족자) : 만족할 줄 아는 사람, 곧 분수를 아는 사람.
△ 貧賤(빈천) : 가난하고 천한 것.

제 6 편 안분(安分) _ 79

* 3 *

濫想은 徒傷神이요
남 상　도 상 신
妄動은 反致禍니라
망 동　반 치 화

《 풀이 》

분수에 넘친 생각은 헛되이 정신을 상하게 할 뿐이며, 망녕된 행동은 도리어 재앙만 부르게 된다.

《 새김 》

자기 분수에 맞지 않는 헛된 욕망에 사로잡혀 있는 모양은 치수가 맞지 않은 남의 옷을 빌려 입은 것과도 같다. 따라서 어떤 경우에도 자기 분수에 맞도록 살아야 한다는 뜻.

《 한문공부 》

- 濫 넘칠 람(氵부 14획)
  濫伐(남벌) : 나무를 마구 벌채함.
- 徒 헛될, 다만 도(彳부 7획)
  徒勞(도로) : 헛된 수고. 보람없이 애씀.
- 反 돌이킬 반(又부 2획)
  反映(반영) : 어떤 영향이 다른 것에 미치게 하여 나타냄.

△ 濫想(남상) : 분수에 넘치는 생각.
△ 反(반) : 도리어
△ 致禍(치화) : 재앙을 불러오다.

＊4＊

知足常足이면　終身不辱하고
지 족 상 족　　　종 신 불 욕

知止常止면　終身無恥니라
지 지 상 지　　종 신 무 치

《 풀이 》

만족을 알아 늘 만족해 한다면 일생 동안에 욕됨이 없을 것이며, 그침을 알아 늘 그친다면 일생 동안에 부끄러움이 없으리라.

《 새김 》

족함을 알아 언제나 마음으로 넉넉할 수 있다면 그가 바로 부자이고, 매사에 분수를 지켜서 멈추어야 할 때 멈출 줄 안다면 일생 동안 부끄러움이 없다는 뜻.

《 한문공부 》

- 常 항상 상(巾부 8획)
  常綠樹(상록수) : 늘푸른나무.
- 止 그칠 지(止부 0획)
  止血(지혈) : 피가 나오다가 그침. 또는 나오는 피를 그치게 함.
- 恥 부끄러울 치(心부 6획)
  恥部(치부) : 남에게 보이게 되면 부끄러운 곳. 국부

△ 知足常足(지족상족) : 만족할 줄 알아 언제나 만족한다.
△ 知止(지지) : 그칠 때를 아는 것.
△ 無恥(무치) : 치욕이 없음. 부끄러움이 없음.

* 5 *

書_에 曰 滿招損_{하고} 謙受益_{이니라}
서   왈   만 초 손   겸 수 익

《 풀이 》

『서경』에 이르기를 "가득 차면 손실을 초래하고, 겸손하면 이익을 얻을 것이다"고 하였다.

《 새김 》

가득 차서 자만하면 결국은 손실을 가져올 뿐이며, 겸허하게 일을 충실히 이행해 나가면 하늘은 반드시 이에 상을 내린다는 뜻.

《 한문공부 》

- 招 부를 초(扌부 5획)

  招聘(초빙) : 예를 갖추어 부름.

- 謙 겸손할 겸(言부 10획)

  謙虛(겸허) : 겸손하고 허심탄회함.

- 受 받을 수(又부 6획)

  受驗(수험) : 시험을 치름.

△ 滿(만) : 가득하다.

書 : 書經(서경)   三經(삼경) 또는 五經(오경)의 하나. 중국 堯舜(요순)부터 周(주)나라까지의 정사에 관한 기록을 수집하여 공자가 펴냈다. 20권 58편. 송나라 때 주희의 제자 蔡沈(채침)이 『서경』을 주해했는데, 이를 『書傳(서전)』이라 한다.

* 6 *

安分吟(안분음)에 曰(왈)
安分身無辱(안분신무욕)이요 知機心自閑(지기심자한)이라
雖居人世上(수거인세상)이나 却是出人間(각시출인간)이니라

《 풀이 》

「안분음」에 이르기를 "편안한 마음으로 분수를 지키면 몸에 욕됨이 없을 것이요, 기틀을 잘 알면 마음은 저절로 한가하리라. (몸은) 비록 인간 세상에서 살더라도 (마음은) 도리어 인간 세상을 벗어난 것이 된다"고 하였다.

《 새김 》

이러한 경지에 이르게 되면 비록 번다한 속세에 산다 할지라도 속세를 벗어나서 신선이 사는 곳에 머무르는 것과 다를 바가 없다는 뜻.

《 한문공부 》

- 閑 한가할 한(門부 4획)   閑寂(한적) : 한가하고 적막함.
- 居 있을 거(尸부 5획)
  居士(거사) : 재덕이 있으나 벼슬하지 아니하는 선비.
- 却 물리칠 각(卩부 5획)
  却下(각하) : 소송 등을 부적함을 이유로 받지 아니하고 물리침.
- △ 却(각) : 도리어.
- △ 人間(인간) : 人生世間(인생세간)의 준말.

安分吟(안분음) 중국 宋(송)나라 때에 유행한 安分詩(안분시)를 말한다. 욕심부리지 않고 평안한 마음으로 제 분수를 지켜야 함을 주 내용으로 했다.

정본 명심보감
明心寶鑑

제 7 편

存心

양심을 지키라는 가르침

✽ 1 ✽

景行錄에 云 坐密室이라도 如通衢하고
경 행 록   운 좌 밀 실   여 통 구

馭寸心을 如六馬하면 可免過니라
어 촌 심   여 육 마   가 면 과

《 풀이 》

『경행록』에 이르기를 "밀실에 앉았어도 마치 트인 길거리에 앉은 것처럼 하고, 작은 마음을 제어하기를 마치 여섯 필의 말을 부리듯 하면 허물을 면할 수 있다"고 하였다.

《 새김 》

누가 보지 않는다고 해서 행동이 흐트러진다면 군자가 아니고, 사소한 일이라 할지라도 마음 다스리기를 여섯 필이 끄는 마차가 대로를 달릴 때처럼 한다면 허물될 일이 없다는 뜻.

《 한문공부 》

- 密 비밀할 밀(宀부 8획)
  密談(밀담) : 몰래 나누는 이야기
- 馭 말부릴 어(馬부 2획)
  馭者(어자) : 말을 부리는 사람 = 馬夫(마부)
- 過 허물, 지나칠 과(辵[辶]부 9획)
  過失(과실) : 잘못이나 허물.

△ 衢(구) : 네거리
△ 馭(어) : 말을 부리다.

* 2 *

> 擊壤詩에 云 富貴를 如將智力求
> 격양시 운 부귀 여장지력구
> 라면 仲尼도 年少合封侯라
> 중니 연소합봉후
> 世人은 不解靑天意하고
> 세인 불해청천의
> 空使身心半夜愁이니라
> 공사신심반야수

《 풀이 》

「격양시」에 이르기를 "부귀를 지혜와 힘으로써 얻을 수 있다면 중니도 젊었을 때에 마땅히 제후가 되었을 것이다. 세상 사람들은 저 높푸른 하늘의 뜻을 이해하지 못하고, 부질없이 몸과 마음으로 하여금 한밤중에 근심하게 하는구나"고 하였다.

《 새김 》

천명을 어기고 뜻을 굽혀서까지 명리(名利)를 추구하지 않는 것을 군자의 도라는 것이 공자의 생각이었다. 세상 사람들은 부질없는 근심으로 세월을 소모하고 있으니 안타까울 뿐이라는 뜻.

《 한문공부 》

- 封 봉할 봉(寸부 6획)　　封土(봉토) : 제후를 봉한 땅.
- 解 풀, 이해 해(角부 6획)　　理解(이해) : 사리를 분별하여 앎.
- 愁 근심 수(心부 9획)　　愁聲(수성) : 슬픈 소리

△ 如(여) : 만약.
△ 將(장) : ~을 가지고. 以(이)와 같은 용법으로 쓰임.

擊壤詩(격양시) 송나라 때 邵雍(소옹 : 호는 康節)이 편찬한 시집. 20권.

3

> 范忠宣公이 戒子弟曰 人雖至愚나
> 범충선공   계자제왈   인수지우
> 責人則明하고 雖有聰明이나
> 책인즉명   수유총명
> 恕己則昏이라 爾曹는 但當以責人
> 서기즉혼   이조   단당이책인
> 之心으로 責己하고 恕己之心으로
> 지심   책기   서기지심
> 恕人이면 則不患不到聖賢地位也이니라
> 서인   즉불환부도성현지위야

《풀이》

범충선공이 그 아들을 경계하여 말씀하기를 "사람이 비록 지극히 어리석다 하더라도 다른 사람을 꾸짖는 데는 밝고, 비록 총명하다고 해도 자신을 용서하는 데는 흐릿하다. 너희들은 마땅히 다른 사람을 꾸짖는 것과 같은 마음으로 자기 자신을 꾸짖고, 자기를 용서하는 마음으로써 다른 사람을 용서한다면 성현의 경지에 이르지 못함을 근심할 것이 없다"고 하였다.

《새김》

남을 책망하는 마음으로 자신을 꾸짖고, 자기를 용서하는 마음으로 남을 용서하는 마음을 지니라는 가르침이다.

《한문공부》

- 昏 어두울 혼(日부 4획)   昏睡(혼수) : 깊이 잠듦.
- 患 근심 환(心부 7획)   患者(환자) : 병을 앓는 사람.

△ 爾曹(이조) : 너희 무리.
△ 但當(단당) : 마땅히 ~해야 한다.

范忠宣公(범충선공) 북송 哲宗(철종) 때의 재상. 이름은 純仁(순인).

※ 4 ※

子曰　聰明思睿라도　守之以愚하고
자왈　총명사예　　　수지이우

功被天下라도　守之以讓하고
공피천하　　　수지이양

勇力振世라도　守之以怯하고
용력진세　　　수지이겁

富有四海라도　守之以謙이니라
부유사해　　　수지이겸

《 풀이 》

공자가 말씀하였다. "총명하고 그 생각이 슬기로울지라도 어리석은 체하여 이를 지켜야 하고, 공로가 세상을 뒤덮을지라도 겸손한 마음으로 이를 지켜야 하며, 용맹이 세상에 떨칠지라도 겁먹은 마음으로 이를 지켜야 하고, 부유함이 온 천하를 차지하고 있을지라도 겸손한 마음으로 이를 지켜야 한다."

《 새김 》

총명하다고 해도 이것을 과시하고, 공적이 천하를 덮는다고 해도 우월감을 가지면 안된다. 용맹이 천하에 떨친다 해도 날뛰어서는 안되고, 부유함이 천하를 차지했다해도 겸손해야 한다. 이러한 것이 몸을 보전하는 현명한 길이 된다.

《 한문공부 》

• 振 떨칠 진(手〔扌〕부 7획)　振興(진흥) : 침체된 것을 떨쳐 일으킴.
• 怯 겁낼 겁(心〔忄〕부 5획)　怯夫(겁부) : 겁쟁이.
• 謙 겸손할 겸(言부 10획)　謙遜(겸손) : 남 앞에서 자기를 낮춤.
△ 思睿(사예) : 생각이 슬기로운 것.

* 5 *

素書에 云 薄施厚望者는 不報하고
소서   운 박시후망자   불보
貴而忘賤者는 不久니라
귀이망천자   불구

《 풀이 》

『소서』에 이르기를 "박하게 베풀고 후한 것을 바라는 사람에게는 보답이 없고, 신분이 귀하게 된 후에 비천했던 때를 잊는 사람은 그 귀한 것이 오래도록 계속되지 못한다"고 하였다.

《 새김 》

타인에게 은혜를 베풀고 그 보답을 바란다는 것은 군자가 취할 태도가 아니며, 몸이 귀해지면 과거지사를 잊어버리고 만다. 이런 부귀는 오래 지속되지 않는다는 뜻.

《 한문공부 》

- 薄 박할 박(艸[++]부 13획)
   薄待(박대) : 푸대접 ↔ 厚待(후대)
- 厚 두터울 후(厂부 7획)
   厚生(후생) : 백성의 살림을 넉넉하게 함.
- 久 오랠 구(丿부 2획)
   久遠(구원) : 길고 오램. 아득히 멀고 오램.
  △ 不久(불구) : 오래 가지 못한다.

素書(소서) 秦(진)나라 말기 兵家(병가)인 黃石公(황석공)이 漢(한)나라 장수 張良(장량)에게 전해준 兵書(병서)를 말한다.

* 6 *

施恩勿求報하고 與人勿追悔하라
시 은 물 구 보　　　여 인 물 추 회

【 풀이 】

은혜를 베풀거든 그 보답을 바라지 말고, 남에게 주었거든 후회하지 말아야 한다.

【 새김 】

은혜를 베풀고도 그 보답을 바라지 않으며, 남에게 주고 나서 후회하는 일은 하지 않아야 한다는 뜻.

【 한문공부 】

- 恩 은혜 은(心부 6획)
  恩寵(은총) : 높은 이에게서 받는 특별한 은혜와 사랑
- 報 보답할, 알릴 보(土부 9획)
  報恩(보은) : 은혜를 갚음.
- 與 더불, 줄 여(臼부 7획)
  與民樂(여민락) : 조선 시기 아악의 한가지. 나라의 잔치나 임금의 거둥 때 연주하였음.

△ 求報(구보) : 보답을 바라는 것.
△ 追悔(추회) : 뒤에 후회하는 것.
△ 與人(여인) : 남에게 줌.

7

孫思邈曰 膽欲大而心欲小하고
손사막왈 담욕대이심욕소

知欲圓而行欲方이니라
지욕원이행욕방

《 풀이 》

손사막이 말씀하기를 "담력은 크게 가지되 마음가짐은 섬세해야 하고, 지혜는 충분히 발달하되 행동은 방정해야 한다"고 하였다.

《 새김 》

매사에 용기가 있되 마음가짐은 섬세해야 하며, 지혜는 발달하되 행동은 바르고 곧은 사람이 되라는 뜻.

《 한문공부 》

- 膽 쓸개 담(肉〔月〕부 13획)
  膽力(담력) : 두려워하지 않는 용기.
- 欲 하고자할 욕(欠부 7획)
  欲求(욕구) : 바람.
- 圓 둥글 원(口부 10획)
  圓熟(원숙) : ① 매우 숙달됨. ② 인격 · 지식 따위가 충분히 발달함.
- △ 方(방) : 올바르고 곧은 것. 방정한 것.

孫思邈(손사막)　?~682. 唐(당)나라 때의 학자. 白家(백가)에 통하고 老壯(노장)의 道(도)에 환하며, 겸하여 음양과 의술에 통달했다.『千金方(천금방)』을 저술함.

* 8 *

念念要如臨戰日하고
염 념 요 여 임 전 일
心心常似過橋時니라
심 심 상 사 과 교 시

【 풀이 】

생각하는 것은 항상 전쟁터에 나갈 때와 같이 하고, 마음은 언제나 폭이 좁은 다리를 건널 때와 같이 조심해야 한다.

【 새김 】

신중을 기하지 않은 생각은 경솔한 행동의 계기가 된다. "돌다리도 두드려 보고 건넌다"는 말처럼 매사에 조심스럽게 처신하라는 뜻.

【 한문공부 】

- 念 생각 념(心부 4획)
  念珠(염주) : 예배할 때 손목에 걸거나 손으로 굴리는 불구(佛具).
- 似 같을 사(亻부 5획)
  似而非(사이비) : 비슷해 보이지만 실제로는 같지 않음.
- 橋 다리 교(木부 12획)
  橋脚(교각) : 다리를 받치는 기둥.
- △ 要(요) : ~해야 한다.
- △ 臨戰日(임전일) : 싸움터에 나아가는 날.
- △ 常(상) : 항상. 늘.
- △ 過(과) : 건너다. 통과하다.

＊9＊

懼法이면 朝朝樂이요 欺公이면 日日憂니라
구 법   조 조 락   기 공   일 일 우

《 풀이 》

법을 두려워하면 날마다 즐거울 것이요, 공적인 일을 속이면 날마다 근심이 된다.

《 새김 》

범법을 했다면 언제 처벌받을지 모르니 마음 속에 항상 근심이 가득 차 있다는 뜻.

《 한문공부 》

- 懼 두려워 할 구(心〔忄〕부 18획)

  懼然(구연) : 무서워하는 모양.

- 欺 속일 기(欠부 8획)

  欺瞞(기만) : 남을 속임.

- 憂 근심 우(心부 11획)

△ 懼法(구법) : 나라의 법을 두려워함.
△ 欺公(기공) : 공적인 일을 속이다.

* 10 *

朱文公曰　守口如甁하고
주 문 공 왈　수 구 여 병

防意如城하라
방 의 여 성

《 풀이 》

주문공이 말씀하기를 "입을 지키는 것을 병을 막듯이 하고, 나쁜 뜻을 막기를 성을 지키듯이 하라"고 하였다.

《 새김 》

입은 재앙과 근심의 문이 된다는 말이 있듯이, 말을 쉽게 함부로 하여 파멸을 가져온 예는 많다. 또 나쁜 뜻이 마음 속에서 싹트는 것을 성에서 적의 침입을 막듯이 강하게 방지하도록 하라는 뜻.

《 한문공부 》

- 守 지킬 수(宀부 3획)
  守備(수비) : 적을 막고 진지를 지킴.
- 防 막을 방(阜〔阝〕부 4획)
  防音(방음) : 소음이 들리지 않게 막음.
- 城 성 성(土부 7획)
  城隍堂(성황당) : 서낭신을 모신 당.
△ 防意如城(방의여성) : 마음 속에서 나쁜 뜻이 싹트는 것을 단단히 막는다는 의미.

朱文公(주문공) 南宋(남송) 시기의 유학자 朱子(주자)를 말한다. 이름은 熹(희), 자는 元晦(원회) 또는 仲晦(중회), 호는 晦菴(회암) 또는 晦翁(회옹)이다. 性理學(성리학)을 집대성하였다. 저서로『四書集註(사서집주)』『資治通鑑鋼目(자치통감강목)』『小學(소학)』등이 있다.

＊ 11 ＊

心不負人이면 **面無慙色**이니라
심 불 부 인 면 무 참 색

《 풀이 》

마음 속에서 남을 저버리지 않았으면 얼굴에 부끄러운 빛이 없으리라.

《 새김 》

광명정대하다면 이 세상에 부끄러울 일이 없다. 거짓된 것이 있으면 당혹과 부끄러움을 느끼는 것이다.

《 한문공부 》

- 負 짐질 부(貝부 2획)

  負債(부채) : 빚을 짐. 또는 그 빚.

- 面 얼굴 면(面부 0획)

  面識(면식) : 얼굴을 서로 앎.

- 慙 부끄러워할 참(心〔忄〕부 11획)

  慙〔慚〕愧(참괴) : 부끄러워함.

△ 負人(부인) : 남에게 떳떳하지 못한 짐을 지고 있음.

△ 慙色(참색) : 부끄러운 기색.

* 12 *

人無百歲人이나 枉作千年計니라
인 무 백 세 인   왕 작 천 년 계

《 풀이 》

인간은 백살 사는 사람이 없는 데도 부질없이 천년의 계획을 세운다.

《 새김 》

사람들은 한 치 앞을 내다보지도 못하는데, 천년을 살듯이 삶에 매달리고 계획을 세운다. 욕망과 집착의 부질없음을 깨달으라는 교훈이다.

《 한문공부 》

- 歲 해 세(止부 9획)
  歲暮(세모) : 세밑. 연말.
- 作 지을 작(亻부 5획)
  作用(작용) : 어떤 사물이 딴 사물에 영향을 미침.
- 計 셀 계(言부 2획)
  計策(계책) : 무엇을 실현하기 위하여 세운 대책.
- △ 百歲人(백세인) : 백 살 된 사람.
- △ 枉(왕) : 부질없이.

* 13 *

寇萊公 六悔銘에 云
구래공 육회명 운

官行私曲 失時悔요
관행사곡 실시회

富不儉用 貧時悔요
부불검용 빈시회

藝不少學 過時悔요
예불소학 과시회

見事不學 用時悔요
견사불학 용시회

醉後狂言 醒時悔요
취후광언 성시회

安不將息이면 病時悔니라
안부장식 병시회

【 풀이 】

구래공의 「육회명」에 이르기를 "벼슬한 사람이 사적인 일을 행하면 벼슬을 박탈당할 때 뉘우치게 되고, 돈이 많을 때 절약해서 사용하지 않으면 가난해졌을 때 뉘우치게 되고, 재주를 믿고 어렸을 때 기술이나 예술을 배우지 않으면 시기가 지났을 때 뉘우치게 되고, 사물을 보고 배우지 않으면 필요하게 되었을 때 뉘우치게 되고, 술을 많이 마시고 취한 뒤에 함부로 말하면 술이 깨었을 때 뉘우치게 되고, 몸이 건강했을 때 조심하지 않으면 병이 들었을 때 뉘우칠 것이다"라 하였다.

《 새김 》

이 글은 후세인들이 인생의 쓴맛을 경험하지 않기를 바라서였을 것이다. 관작에 있는 사람은 청렴결백해야 하며, 부유했을 때 재물을 아껴서 생활해야 하며, 학문은 젊었을 때 배워야 하며, 일을 보았을 때 배워야 하며, 술에 취했을 때 말을 조심해야 하며, 건강할 때 몸을 돌보아야만 한다는 뜻이다.

《 한문공부 》

- 曲 굽을 곡(曰부 2획)
  曲解(곡해) : 잘못 생각함. 곱새김.
- 悔 뉘우칠 회(心〔忄〕부 7획)
  悔改(회개) : 전의 잘못을 뉘우쳐 고침.
- 醒 술깰 성(酉부 9획)
  覺醒(각성) : 깨닫다.

△ 六悔銘(육회명) : 뉘우쳐야 할 여섯 가지를 경계하는 글.
△ 私曲(사곡) : 不正(부정)하는 일. 사사롭게. 도리에 어긋나게.
△ 藝(예) : 기술, 예술.
△ 將息(장식) : 養生(양생).

寇萊公(구래공) 중국 北宋(북송) 眞宗(진종) 때 재상. 이름은 準(준), 자는 平仲(평중). 遼(요)나라가 송나라를 침입했을 때 澶州(전주)에서 맹약을 맺어 난을 잘 수습했으며, 그 공로로 萊國公(래국공)에 봉해졌기 때문에 寇萊公(구래공)으로 불리운다.

* 14 *

益智書에 云 寧無事而家貧이언정
익 지 서   운   영 무 사 이 가 빈
莫有事而家富요 寧無事而住茅屋
막 유 사 이 가 부   영 무 사 이 주 모 옥
이언정 不有事而住金屋이요
       불 유 사 이 주 금 옥
寧無病而食麤飯이언정
영 무 병 이 식 추 반
不有病而服良藥이니라
불 유 병 이 복 양 약

《 풀이 》

『익지서』에 이르기를 "차라리 아무 사고 없이 집이 가난할지라도 걱정있는 부자집이 되지 말 것이며, 아무 걱정없이 초가집에서 살지라도 걱정 많은 좋은 집에 살지 말며, 차라리 병없이 거친 밥을 먹어도 병이 있어 좋은 약을 먹지 말 것이다"라 하였다.

《 새김 》

가난한 생활을 하고 있어도 도를 즐기며 편안한 마음으로 살아가는 '安貧樂道(안빈낙도)' 야말로 진정한 삶의 모습임을 일깨워 주는 글이다.

《 한문공부 》

- 富 넉넉할 부(宀부 9획)　　富裕(부유) : 재산이 많아 살림이 넉넉함.
- 茅 띠 모(艹부 5획)　　　　茅屋(모옥) : 띠로 지붕을 인 집.

△ 寧(영) : 차라리 ~할지언정.

△ 麤飯(추반) : 거친 밥. 수수밥이나 보리밥.

* 15 *

心安이면 茅屋穩이요 性定이면 菜羹香이니라
심안   모옥온   성정   채갱향

《 풀이 》

마음이 편안하면 초가집도 안온하고, 성품이 안정되면 나물국도 향기롭고 맛있다.

《 새김 》

"거친 밥을 먹으며 물 마시고 팔 구부려 베개하여 누워 있어도 낙이 또한 그 가운데 있다. 옳지 않은 부귀는 내게 뜬 구름과 같다"는 공자의 말씀과 통한다.

《 한문공부 》

- 穩 편안할 온(禾부 14획)
  穩當(온당) : ① 온화하며 환경에 잘 어울림. ② 사리에 맞음.
- 菜 나물 채(++부 8획)
  菜食(채식) : 반찬을 푸성귀로만 먹음.
- 香 향기 향(香부 0획)
  香爐(향로) : 향을 피우는 기구
△ 穩(온) : 편안함.
△ 菜羹(채갱) : 나물국.

＊ 16 ＊

景行錄에 云 責人者는 不全交요
경 행 록   운   책 인 자   부 전 교
自恕者는 不改過니라
자 서 자   불 개 과

《 풀이 》

『경행록』에 이르기를 "남을 잘 꾸짖는 사람은 사귐을 원활히 할 수 없고, 자기를 용서하는 사람은 허물을 고치지 못한다"고 하였다.

《 새김 》

남의 잘못을 결코 용서하지 못하면서도 자신의 과오나 실수에는 너그럽게 눈을 감아 버리는 것이 인간이다. 그러나 쉽게 자신을 용서하는 사람은 결코 허물을 고치지 못한다는 뜻.

《 한문공부 》

- 責 꾸짖을 책(貝부 4획)
  責望(책망) : 잘못을 들어 꾸짖음, 또는 그 일.
- 全 온전할 전(入부 4획)
  全盛(전성) : 한창 왕성함.
- 交 사귈 교(亠부 4획)
  交涉(교섭) : 일을 처리하기 위해 상대편에 절충함.

△ 不全交(부전교) : 사귐을 온전히 할 수 없다는 뜻.
△ 自恕(자서) : 자기 자신을 용서하는 것.
△ 不改過(불개과) : 허물을 고치지 못함.

＊ 17 ＊

夙興夜寐하여　所思忠孝者는
숙 흥 야 매　　　소 사 충 효 자

人不知나　天必知之요
인 부 지　　천 필 지 지

飽食煖衣하여　怡然自衛者는
포 식 난 의　　　이 연 자 위 자

身雖安이나　其如子孫에　何오
신 수 안　　　기 여 자 손　　하

《 풀이 》

아침 일찍 일어나서부터 잠들 때까지 늘 충성과 효도를 생각하는 자를 사람들은 알지 못하나 하늘이 반드시 알 것이요, 배 부르게 먹고 마시고 따뜻하게 입고서 안락하게 자기 몸 하나만 보호하는 자는 몸은 비록 편안하나 그 자손을 과연 어찌할까?

《 새김 》

일신만을 위해 편안함을 추구하는 자는 자신의 몸은 편안하겠으나 그 재앙이 자손에 미치게 되니 조심해야 한다는 뜻.

《 한문공부 》

- 夙 일찍 숙(夕부 3획)　　　夙成(숙성) : 일찍 이루어짐.
- 飽 배부를 포(食부 5획)
  飽和(포화) : 가득 차서 부족함이 없음.
- 衛 호위할 위(行부 10획)　衛生(위생) : 신체의 건강과 질병.

△ 夙興夜寐(숙흥야매) : 아침 일찍 일어나고 밤늦게 자는 것.
△ 所思忠孝者(소사충효자) : 생각하는 바가 충효인 사람.
△ 怡然(이연) : 기쁘게. 즐겁게.
△ 如 ~ 何(여 ~ 하) : ~을 어찌하랴.

* 18 *

以愛妻子之心으로
이 애 처 자 지 심
事親則曲盡其孝요
사 친 즉 곡 진 기 효
以保富貴之心으로
이 보 부 귀 지 심
奉君則無往不忠이요
봉 군 즉 무 왕 불 충
以責人之心으로
이 책 인 지 심
責己則寡過요
책 기 즉 과 과
以恕己之心으로
이 서 기 지 심
恕人則全交니라
서 인 즉 전 교

【 풀이 】

처자를 사랑하는 마음으로써 어버이를 섬긴다면 그 효도를 끝까지 다할 수 있을 것이요, 재물과 귀함을 보전하려는 마음으로써 임금을 받든다면 그 어느 때나 충성이 아니됨이 없을 것이다.

타인을 책망하는 마음으로써 자기 자신을 책망한다면 허물이 적을 것이요, 자기를 용서하는 마음으로써 타인을 용서한다면 그 사귐을 원활히 유지할 수 있을 것이다.

《 새김 》

처자를 사랑하는 마음으로 어버이를 섬기고, 부귀를 보전하듯이 임금을 받들고, 남을 꾸짖는 마음으로 자기를 꾸짖고, 자신을 용서하는 마음으로써 다른 사람을 용서한다면 사람으로 더 없는 덕행이 될 것이라는 뜻.

《 한문공부 》

- 盡 다할 진(皿부 9획)
  盡力(진력) : 있는 힘을 다함.
- 奉 받들 봉(大부 5획)
  奉仕(봉사) : 남을 위해 전력하고 편의를 제공함.
- 往 갈 왕(彳부 5획)
  往診(왕진) : 의사가 환자 집에 가서 진찰함.

△ 事親(사친) : 어버이를 섬기다.
△ 曲盡(곡진) : 극진히 하다. 힘을 다 쏟다.
△ 無往(무왕) : 어디로 가나. 어느 경우에나.
△ 以(이) : ~로써.
△ 恕己(서기) : 자신을 용서함.
△ 全交(전교) : 사귐을 온전히 함.

* 19 *

爾謀不臧이면 悔之何及이며
이 모 부 장   회 지 하 급
爾見不長이면 敎之何益이리오
이 견 부 장   교 지 하 익
利心專則背道요 私意確則滅公이니라
이 심 전 즉 배 도   사 의 확 즉 멸 공

《 풀이 》

네 꾀가 바르지 못하면 후회한들 어찌 미치며, 너의 소견이 훌륭하지 못하면 교육을 시킨들 무엇이 이로울 바 있겠는가. 자기 이익만 오로지 몰두하면 도리를 어기게 될 것이며, 사적인 뜻이 굳으면 공적인 것을 저버리게 된다.

《 새김 》

사람이 정도를 벗어난다면 멀지 않아 반드시 큰 실패가 따르며, 나중에 후회한들 소용이 없다는 뜻.

《 한문공부 》

- 謀 꾀할 모(言부 9획)

  謀議(모의) : 일을 계획하여 그 계책을 의논함.

- 背 등 배(肉〔月〕부 5획)

  背叛(배반) : 믿음과 의리를 저버리고 돌아섬.

- 滅 멸망할 멸(氵부 10획)

  滅種(멸종) : 종자가 망하여 없어짐.

△ 爾(이) : 너.

△ 見(견) : 식견.

△ 背道(배도) : 도리에 어긋남.

△ 滅公(멸공) : 公事(공사)를 저버리는 것.

* 20 *

生事事生이요 **省事事省**이니라
생 사 사 생　　생 사 사 생

【 풀이 】

일을 만들면 일이 자꾸 생기고, 일을 덜면 일이 많이 줄어든다.

【 새김 】

쓸데없이 많은 일에 빠져 부질없는 세월을 보내지 말고, 일이 적더라도 충실히 이행해 나가는 것이 좋다는 뜻.

【 한문공부 】

- 生 날 생(生부 0획)

  生氣(생기) : 활발하고 생생한 기운.
- 事 일 사(亅부 7획)

  事件(사건) : 뜻밖에 일어난 변고, 사고.
- 省 덜 생, 살필 성(目부 4획)

  省略(생략) : (한 부분을) 덜어서 줄임.
- △ 省事(생사) : 일을 덜다.

정본 명심보감
明心寶鑑

제 8 편

戒性

하늘이 준 본연의 성품을 지키라는 가르침

* 1 *

景行錄에 云 人性이 如水하여
경 행 록   운   인 성   여 수
水一傾則不可復이요
수 일 경 즉 불 가 복
性一縱則不可反이니
성 일 종 즉 불 가 반
制水者는 必以堤防하고
제 수 자   필 이 제 방
制性者는 必以禮法이니라
제 성 자   필 이 예 법

【 풀이 】

『경행록』에 이르기를 "사람의 성품은 물과 같아서 물이 한 번 엎지러지면 다시 돌이킬 수 없고, 성품이 방종하게 되면 바로 잡을 수가 없을 것이니, 물을 잡으려면 반드시 제방을 쌓음으로써 성취되고, 성품을 바르게 하려면 반드시 예법을 몸에 익혀야 된다"고 하였다.

【 새김 】

한번 엎지른 물은 주워담을 수 없는 것처럼, 사람이 한번 방종한 생활에 빠지면 돌이키기가 어렵다. 그러므로 마음에 예법을 간직해 올바른 성품을 가져야 할 것이다.

【 한문공부 】

- 傾 기울어질 경(亻부 11획)
  傾注(경주) : 열중하여 한가지 일에 마음을 기울임.
- 復 회복할 복, 다시 부(彳부 9획)
  ① 復舊(복구) : 그전 모양으로 되돌림.
  ② 復活(부활) : 죽었다가 다시 살아남.

- 制 억제할 제(刀〔刂〕부 6획)

  制度(제도) : 사회적으로 정해져 있는 구조나 규칙.

△ 不可反(불가반) : 돌아올 수 없음.

△ 制(제) : 억제하다. 제어하다.

＊ 2 ＊

得忍且忍이요　得戒且戒하라
득 인 차 인　　득 계 차 계
不忍不戒면　小事成大니라
불 인 불 계　소 사 성 대

《 풀이 》

참을 수 있으면 또 참고, 경계할 수 있으면 또 경계하라. 참지 않고 경계하지도 않으면 작은 일이 큰 일이 된다.

《 새김 》

인내하는 용기를 가질 것을 교훈한 글이다. 참고 견딜 수 있는 사람은 어떠한 일이든 해낼 수 있는 법이다.

《 한문공부 》

- 得 얻을 득(彳부 8획)

  得失(득실) : ① 얻음과 잃음. ② 이익과 손해
- 且 또 차(一부 4획)

  且戰且走(차전차주) : 한편으로 싸우면서 한편으로는 달아남.
- 戒 경계할 계(戈부 3획)

  戒勅(계칙) : 훈계함. 책망하여 주의시킴.

△ 得忍且忍(득인차인) : 참고 또 참는 것을 할 수 있다.

△ 得(득) : 할 수 있다.

* 3 *

愚濁生嗔怒는 皆因理不通이라
우 탁 생 진 노　　개 인 리 불 통
休添心上火하고 只作耳邊風하라
휴 첨 심 상 화　　지 작 이 변 풍
長短은 家家有요 炎凉은 處處同이라
장 단　 가 가 유　 염 량　 처 처 동
是非는 無相實하여 究竟摠成空이니라
시 비　 무 상 실　　구 경 총 성 공

《 풀이 》

어리석고 변변치 못한 사람이 화내는 것은 모두 근본 이치를 알지 못하는 까닭이다. 마음에 불길을 더하지 말고, 다만 귓전을 스치는 바람결인 듯 여겨라. 장점과 단점은 어느 집에나 있고, 따뜻함과 싸늘함은 어느 곳이나 같다. 옳고 그름이란 본래 실제 모습이 없어서 마침내는 모두가 다 빈 것이 된다.

《 새김 》

사람인 이상 누구에게나 다 장점과 단점이 있게 마련이다. 완벽하다면 이미 사람이 아닌 것이다. 옳고 그름이란 본래 그 형체가 있지 않으며 결국에는 다 부질없는 것이 되고 만다는 뜻.

《 한문공부 》

- 嗔 성낼 진(口부 10획)　　嗔言(진언) : 성을 내어 꾸짖는 말.
- 添 더할 첨(水〔氵〕부 8획)　添付〔附〕(첨부) : 더함. 덧붙임.
- 炎 불꽃 염(火부 4획)　　炎天(염천) : 몹시 더운 여름의 기후.
△ 愚濁(우탁) : 어리석고 변변치 못함.

△ 休添(휴첨) : 休(휴)는 '하지 말라'의 뜻. 더하지 말라.
△ 耳邊風(이변풍) : 귓가를 지나가는 바람.
△ 究竟(구경) : 마침내.
△ 摠成空(총성공) : 모두 빈 것을 이루다. 즉 부질없는 일이 된다.

＊4＊

忍一時之忿(인일시지분)이면 免百日之憂(면백일지우)이니라

【 풀이 】

한 때의 분함을 참으면 백 날의 근심을 면할 수 있다.

【 새김 】

순간적으로 분노가 폭발할 때 그것을 참는 자제력을 지닌 사람은 근심과 걱정이 없다.

【 한문공부 】

- 忍 참을 인(心부 3획)　　忍辱(인욕) : 욕됨을 견디어 참음.
- 免 면할 면(儿부 5획)　　免稅(면세) : 과세를 면제하는 일.
- 憂 근심 우(心부 11획)　　憂愁(우수) : 걱정과 근심.

△ 一時之憤(일시지분) : 한 때의 분함.

* 5 *

子張이 欲行에 辭於夫子할새
자장   욕행   사어부자

願賜一言이 爲修身之美하노이다
원사일언   위수신지미

子曰
자왈

百行之本이 忍之爲上이니라
백행지본   인지위상

子張曰 何爲忍之닛고
자장왈 하위인지

子曰
자왈

天子忍之면 國無害하고
천자인지   국무해

諸侯忍之면 成其大하고
제후인지   성기대

官吏忍之면 進其位하고
관리인지   진기위

兄弟忍之면 家富貴하고
형제인지   가부귀

夫妻忍之면 終其世하고
부처인지   종기세

朋友忍之면 名不廢하고
붕우인지   명불폐

自身忍之면 無禍害니라
자신인지   무화해

《 풀이 》

자장이 떠날 때 공자께 하직을 고하면서 말했다. "원컨대 한 말씀을 내려주시면 수신의 미덕으로 삼겠습니다."
공자가 말씀하였다. "모든 행실의 근본은 참는 것이 첫째가 된다."
자장이 말했다. "어찌하면 참는 것이 됩니까?"
공자가 말씀하였다. "임금이 참으면 나라에 해가 없고, 제후가 참으면 큰 나라를 건설하고, 벼슬아치가 참으면 그 지위가 올라가고, 형제가 참으면 집안이 부귀하고, 부부가 참으면 한평생을 같이 늙어갈 수 있고, 친구끼리 참으면 이름이 깎이지 않고, 자신이 참으면 화가 없느니라."

《 새김 》

수양하는 데는 참는 것이 으뜸이라고 공자는 강조하였다. 자장은 문장에 뛰어났고, 웅변가였으며, 풍채가 좋았으나 성격은 대단히 저돌적이었다. 공자는 자장을 잘 알고 있으니 '참을 忍(인)'을 강조한 것이다.

《 한문공부 》

- 賜 줄 사(貝부 8획)
  膳賜(선사) : 아랫 사람에게 선물을 주는 것.
- 修 닦을 수(人〔亻〕부 8획)   修身(수신) : 몸을 닦음.
- 廢 폐할 폐(广부 12획)
  廢刊(폐간) : 신문·잡지 등의 간행을 폐지함.

△ 辭(사) : 하직을 고하다.
△ 修身之美(수신지미) : 수양하는 좋은 방법.
△ 忍之爲上(인지위상) : 참음이 최상이 됨. 之(지)는 주격.
△ 終其世(종기세) : 일생을 해로하다. 일생을 잘 마치다.
△ 名不廢(명불폐) : 이름이 더럽혀지지 않다.
△ 無禍害(무화해) : 재앙이 없다.

子張曰
자장 왈

不忍則如何잇고
불인즉여하

子曰
자왈

天子不忍이면 國空虛하고
천자불인　　　국공허

諸侯不忍이면 喪其軀하고
제후불인　　　상기구

官吏不忍이면 刑法誅하고
관리불인　　　형법주

兄弟不忍이면 各分居하고
형제불인　　　각분거

夫妻不忍이면 令子孤하고
부처불인　　　영자고

朋友不忍이면 情意疎하고
붕우불인　　　정의소

自身이 不忍이면 患不除니라
자신　　불인　　　환부제

子張曰
자장 왈

善哉善哉라 難忍難忍이여
선재선재　　난인난인

非人不忍이요 不忍非人이로다
비인불인　　　불인비인

《 풀이 》

자장이 물었다. "참지 못하면 어떻게 됩니까?"

공자께서 말씀하였다. "임금이 참지 못하면 나라가 공허하게 되고, 제후가 참지 못하면 그 신분을 잃어버리고, 벼슬아치가 참지 못하면 형법에 의하여 죽게 되고, 부부가 참지 못하면 자식을 외롭게 하게 되고, 친구끼리 참지 못하면 정과 뜻이 서로 갈리고, 자신이 참지 못하면 근심이 없어지지 않으니라."

자장이 말하기를 "참으로 좋고도 좋으신 말씀이로다. 아아, 참는 것은 참으로 어렵도다. 사람이 아니면 참지 못할 것이요, 참지 못할 것 같으면 사람이 아니로다."

《 새김 》

앞에서는 참아야 하는 이유가 설명되었고, 여기서는 참지 못할 때 일어나는 여러 결과에 관해 설명하고 있다. '참는 일'이 대단히 소중한 것을 알게 했다.

《 한문공부 》

- 虛 빌 허(虍부 6획)　　　虛空(허공) : ① 공중. ② 텅빈 곳.
- 誅 꾸짖을, 벨 주(言부 6획)　誅殺(주살) : 죄를 물어 죽임.
- 疎＝疏 소통할, 성길 소(疋부 7획)

  疏〔疎〕略(소략) : 정밀하지 않고 간략함.

△ 國空虛(국공허) : 나라가 텅 비는 것.

△ 刑法誅(형법주) : 형법에 의해서 죽음을 당하다.

△ 哉(재) : 감탄의 어조사. '~이도다'의 뜻.

子張(자장)　공자의 제자의 한 사람. 성은 顓孫(전손), 이름은 師(사), 子張(자장)은 자이다. 문장과 말솜씨가 뛰어났다.

제 8 편 계성(戒性) _ 117

※ 7 ※

景行錄에 云 屈己者는 能處重하고
경행록   운 굴기자   능처중
好勝者는 必遇敵이니라
호승자   필우적

《 풀이 》
『경행록』에 이르기를 "자기를 낮추고 굽히는 사람은 중요한 지위에 처할 수 있으며, 남에게 이기기를 좋아하는 사람은 반드시 적을 만난다"고 하였다.

《 새김 》
사람은 누구나 다 대인관계에 있어서 양보하는 미덕을 가져야 한다. 세상을 살아가면서 처신은 언제나 겸손해야 한다는 뜻.

《 한문공부 》
• 屈 굽힐 굴(尸부 5획)
  屈折(굴절) : 휘어 꺾음.
• 能 능할 능(肉〔月〕부 6획)
  能通(능통) : 사물에 잘 통달함.
• 遇 만날 우(辵〔辶〕부 9획)
  禮遇(예우) : 예의를 갖추어서 대우를 해줌.
△ 屈己者(굴기자) : 스스로를 굽힐 줄 아는 사람.
△ 重(중) : 중요한 위치. 지위.

* 8 *

惡人(악인)이 罵善人(매선인)커든 善人(선인)은
摠不對(총부대)하라 不對(부대)는 心淸閑(심청한)이요
罵者(매자)는 口熱沸(구열비)니라
正如人唾天(정여인타천)하여 還從己身墜(환종기신추)니라

【 풀이 】

악한 사람이 선한 사람을 꾸짖으면 선한 사람은 전혀 대꾸하지 마라. 대꾸하지 않는 사람은 마음이 맑고 한가하다. 꾸짖는 사람은 입이 뜨겁게 끓는 것과 같다. 이는 마치 사람이 하늘에 대고 침을 뱉는 것과 같아서 그 침은 다시 자기 몸에 떨어진다.

【 새김 】

꾸짖는 사람이 악한 인간인 바에야 일고할 가치도 없다. 그래서 이 편이 오히려 한가하고 맑은 마음을 지닐 수 있게 된다는 뜻.

【 한문공부 】

- 罵 꾸짖을 매(网〔罒〕부 10획)　　罵倒(매도) : 몹시 욕설을 퍼부음.
- 摠 거느릴 총(手〔扌〕부 11획)　　摠管(총관) : 총책임자.
- 唾 침 타(口부 7획)　　唾液(타액) : 침.

△ 熱沸(열비) : 뜨겁게 끓어 오르다.
△ 正如(정여) : 바로 ~와 같다.
△ 唾天(타천) : 하늘에 침을 뱉다.
△ 還(환) : 도리어.
△ 從己身(종기신) : 몸을 따라.

제 8 편 계성(戒性)

* 9 *

我若被人罵라도　伴聾不分說하라
아 약 피 인 매　　　 양 롱 불 분 설

譬如火燒空하여　不救自然滅이라
비 여 화 소 공　　　 불 구 자 연 멸

我心은 等虛空이어늘
아 심　 등 허 공

摠爾飜脣舌이니라
총 이 번 순 설

《 풀이 》

내가 만일 타인으로부터 욕설을 듣더라도 거짓으로 귀머거리인 체하고 시비를 따져서 말하지 말라. 비유하건대 불이 아무 것도 없는 공중에서 타다가 끄지 않아도 저절로 꺼지는 것과 같아서 내 마음은 아무 것도 없는 허공과 같으니, 너희 입과 혀만이 나불댈 뿐이다.

《 새김 》

남이 나를 욕할 경우에라도 귀먹은 체하고 시비를 가려서 따지지 말라는 것. 심하게 상처입는 자는 욕을 퍼부은 사람이라는 뜻.

《 한문공부 》

• 被 입을 피(衣〔衤〕부 5획)　 被襲(피습) : 습격을 당함.
• 燒 태울 소(火부 12획)　　 燒却(소각) : 태워 버림.
• 脣 입술 순(厂부 10획)　　 脣舌(순설) : 입술과 혀.
△ 被人罵(피인매) : 남에게 욕설을 듣는다.
△ 伴(양) : 거짓. ~인 체하다.
△ 飜(번) : 나불댄다. 펄럭이다.
△ 摠(총) : 모두. 오직.

* 10 *

凡事(범사)에 留人情(유인정)이면
後來(후래)에 好相見(호상견)이니라

《 풀이 》

매사에 인정을 남겨 두면 훗날 만났을 때 서로 좋은 얼굴로 대면하게 되는 것이다.

《 새김 》

이 세상을 살아가는 데는 언제나 남에게 따뜻한 인정을 베풀어야 한다는 뜻.

《 한문공부 》

- 凡 무릇 범(几부 1획)
  凡例(범례) : 일러두기
- 留 머무를 류(田부 5획)
  留置(유치) : 피의자를 일정한 곳에 잡아 가둠.
- 好 좋아할 호(女부 3획)
  好況(호황) : 경기가 좋음.

△ 凡事(범사) : 모든 일. 매사에.
△ 留(유) : 남겨 두다.

정본 명심보감

明心寶鑑

제 9 편

勤學

근학

학문에 힘쓰라는 가르침

* 1 *

子曰 博學而篤志하고
자왈 박학이독지
切問而近思하면 仁在其中矣니라
절문이근사 인재기중의

《 풀이 》

공자가 말씀하기를 "널리 배우되 뜻을 성실하게 갖고, 간절하게 묻되 가까운 것부터 생각해 나간다면 인(仁)은 그 가운데 있을 것이다"고 하였다.

《 새김 》

박학·독지·절문·근사의 네가지에 전력을 한다면, 그 가운데서 저절로 인(仁)을 얻을 수 있을 것이라는 뜻.

《 한문공부 》

- 篤 도타울 독(竹부 10획)
  篤實(독실) : 인정이 두텁고 충실함＝誠實(성실)
- 切 끊을, 간절할 절(刀부 2획)
  切實(절실) : 실제에 꼭 들어맞음.
- 思 생각 사(心부 5획)
  思潮(사조) : 그 시대 사람들의 사상의 일반적인 경향.
△ 篤志(독지) : 뜻을 독실하게 갖는 것.
△ 切問(절문) : 깊이 파고들어 묻다.
△ 近思(근사) : 자기가 능히 할 수 있는 가까운 일부터 생각함.
△ 仁在其中矣(인재기중의) : 인이 그 가운데 있다. 矣(의)는 종결형 어조사.

＊2＊

莊子曰　人之不學은　如登天而
장 자 왈　인 지 불 학　여 등 천 이
無術하고　學而智遠이면　如披祥雲
무 술　　학 이 지 원　　　여 피 상 운
而觀靑天하고　登高山而望四海니라
이 도 청 천　　등 고 산 이 망 사 해

《 풀이 》

장자가 말씀하기를 "사람이 배우지 않음은 재주없이 하늘에 오르려는 것과 같으며, 배워서 지혜가 깊어지면 길조의 구름을 헤치고 푸른 하늘을 보며, 높은 산에 올라서 사방에 있는 바다를 바라보는 것과 같다"고 하였다.

《 새김 》

사람이 많이 배워서 지혜가 깊어진다면 흡사 구름을 헤치고 푸른 하늘을 보며, 높은 산에 올라서 사방의 바다를 굽어보는 것처럼 세상만사의 이치를 훤히 깨달을 수 있다는 뜻.

《 한문공부 》

- 披 헤칠 피(手〔扌〕부 5획)

  披瀝(피력) : 마음 속을 조금도 숨김없이 털어놓음.

- 祥 상서로울 상(示〔礻〕부 6획)

  祥瑞(상서) : 길한 조짐＝吉兆(길조)

- 覩＝睹 볼 도(目부 9획)　目睹(목도) : 눈으로 보다.

△ 無術(무술) : 재주가 없는 것. 방법이 없는 것.

△ 智遠(지원) : 지혜가 깊다.

△ 披(피) : 헤치다.

△ 祥雲(상운) : 상서로운 구름.

3

禮記(예기)에 曰(왈) 玉不琢(옥불탁)이면 不成器(불성기)하고 人不學(인불학)이면 不知義(부지의)니라

《 풀이 》

『예기』에 이르기를 "옥은 갈고 다듬지 않으면 그릇이 되지 못하고, 사람은 배우지 않으면 의를 알지 못한다"고 하였다.

《 새김 》

아무리 귀중한 보석이라도 땅 속에서 캐내어 갈고 다듬지 않으면 영원히 그 빛을 발할 수 없다. 사람도 마찬가지로 천재적인 재능을 지녔다 해도 그것을 찾아내어 계발하지 않으면 결국 아무 쓸모없는 사람이 된다는 뜻.

《 한문공부 》

- 琢 다듬을 탁(玉부 8획)
  琢磨(탁마) : 옥석을 세공하는 일. 학문이나 덕행을 갈고 닦는 일.
- 器 그릇 기(口부 13획)
  器皿(기명) : 살림살이에 쓰는 온갖 그릇.
- 義 옳을 의(羊부 7획)
  義絶(의절) : 맺은 의를 끊음.
- △ 不成器(불성기) : 그릇을 만들 수 없다.

禮記(예기) 五經(오경)의 하나. 유가의 옛 제도 및 예법 등을 실은 책으로 『周禮(주례)』라고도 한다. 前漢(전한) 宣帝(선제) 때의 학자 戴聖(대성)이 펴냈다.

* 4 *

太公曰
태 공 왈
人生不學이면 如冥冥夜行이니라
인 생 불 학   여 명 명 야 행

《 풀이 》

태공이 말씀하기를 "사람이 살아가는데 배우지 않으면 마치 어둡고 어두운 밤길을 걸어가는 것과 같다"고 하였다.

《 새김 》

사람이 배우지 않으면 캄캄한 밤길을 가는 것과 같으니, 우리 모두 배우기에 힘써야 할 것이라는 뜻.

《 한문공부 》

- 如 같을 여(女부 3획)
  黃金百萬兩 不如一敎子(황금백만냥 불여일교자) : 황금 백만냥도 자식을 한가지 가르치는 것보다는 못하다.
- 冥 어두울 명(冖부 8획)
  冥途(명도) : 사람이 죽어서 가는 곳.
- 夜 밤 야(夕부 5획)
  夜景(야경) : 밤 경치.
△ 冥冥(명명) : 어둡고 어두운 것. 캄캄하다.
△ 夜行(야행) : 밤길을 가다.

* 5 *

朱文公曰
주 문 공 왈

家若貧이라도 不可因貧而廢學이요
가 약 빈   불가인빈이폐학

家若富라도 不可恃富而怠學이니
가 약 부   불가시부이태학

貧若勤學이면 可以立身이요
빈 약 근 학   가 이 입 신

富若勤學이면 名乃光榮하리니
부 야 근 학   명 내 광 영

惟見學者顯達이요
유 견 학 자 현 달

不見學者無成이니라
불 견 학 자 무 성

學者는 乃身之寶요
학 자   내 신 지 보

學者는 乃世之珍이니라
학 자   내 세 지 진

是故로 學則乃爲君子요
시 고   학 즉 내 위 군 자

不學則爲小人이니
불 학 즉 위 소 인

後之學者는 宜各勉之니라
후 지 학 자   의 각 면 지

《 풀이 》

주문공이 말씀하기를 "집안이 만약 가난하더라도 배우는 것을 포기하지 말 것이요, 만약 가정이 부유하더라도 부유한 것을 믿고 학문을 게을리해서는 안된다. 가난한 사람이 만약 부지런히 배운다면 입신할 수 있을 것이요, 만약 부유한 사람이 부지런히 배운다면 이름이 더욱 빛날 것이다. 오직 배워서 지식을 넓히는 사람만이 훌륭하게 되는 것을 보았으며, 배운 사람이 뜻을 이루지 못하는 것은 보지 못했느니라. 배움이란 곧 몸의 보배요, 배운 사람이란 곧 세상의 보배이다. 그러므로 배우면 군자가 되고, 배우지 않으면 천한 소인이 될 것이니, 후에 배우는 사람은 마땅히 각각 배움에 노력을 해야 한다"고 하였다.

《 새김 》

집이 가난하다고 해서 배우는 것조차 포기한다면 그보다 더 어리석은 일이 없으며, 집이 부유하다고 해서 그 부를 믿고 배움을 게을리한다면 그것도 어리석은 일이다. 어떠한 경우라도 열심히 배워서 입신출세해야 한다는 뜻.

《 한문공부 》

• 顯 나타날 현(頁부 14획)

　顯著(현저) : 뚜렷이 나타남. 두드러짐.

• 達 통달할 달(辶부 9획)

　達人(달인) : 학문이나 기예에 정통한 사람.

• 珍 보배 진(王부 5획)

　珍本(진본) : 진귀한 책＝珍書(진서)

△ 若(약) : 만약.

△ 因貧(인빈) : 가난한 것 때문에.

△ 恃富(시부) : 부유함을 믿다.

△ 宜各勉之(의각면지) : 마땅히 각기 힘쓰다.

※ 6 ※

徽宗皇帝 曰
휘종황제 왈

學者는 如禾如稻하고
학자 여화여도

不學者는 如蒿如草로다
불학자 여호여초

如禾如稻兮여
여화여도혜

國之精糧이요 世之大寶로다
국지정량 세지대보

如蒿如草兮여
여호여초혜

耕者憎嫌하고 鋤者煩惱이니라
경자증혐 서자번뇌

他日面墻에 悔之已老로다
타일면장 회지이노

《 풀이 》

휘종황제가 말씀하기를 "배운 사람은 낟알같고 벼같고, 배우지 않은 사람은 쑥같고 풀같다. 아아, 낟알같고 벼같음은 나라의 좋은 양식이여, 온 세상의 보배로다. 그러나 쑥같고 풀같음은 밭을 가는 사람이 보기 싫어 미워하고 김매는 사람이 수고롭고 더욱 힘이 든다. 훗날 배우지 못한 자는 담장을 대하듯 만사가 답답함에 후회한들 이미 때는 늦었다"고 하였다.

《 새김 》

때를 놓치지 말고 부지런히 배울 것을 강조한 글이다.

《 한문공부 》

- 徽 아름다울 휘(彳부 14획)
  徽章(휘장) : 직무, 신분, 기타를 나타내기 위하여 옷이나 모자 따
  　　　　　위에 붙이는 표.
- 禾 벼 화(禾부 0획)
  禾穗(화수) : 벼 이삭.
- 稻 벼 도(禾부 10획)
  稻稷(도직) : 벼와 기장.

△ 如禾如稻(여화여도) : 벼와 같다. 禾 = 稻
△ 兮(혜) : 감탄의 어조사.
△ 蒿(호) : 쑥.
△ 憎嫌(증혐) : 미워하고 싫어하는 것.
△ 鋤者(서자) : 김매는 사람. 鋤(호미 서)
△ 面墻(면장) : 담을 바라보고 있다.
△ 悔之已老(회지이로) : 뉘우칠 때는 이미 늙어 있으리라.

徽宗皇帝(휘종황제) 중국 北宋(북송)의 제8대 임금. 新法黨(신법당)을 등용하여 개혁을 시도했으나 실패했으며, 그의 아들인 欽宗(흠종) 靖康(정강) 2년에 金(금)나라의 침략을 받아 지금의 하남성 개봉인 汴京(변경)으로 천도했으나 함락되어 흠종과 함께 만주에 끌려가 그곳에서 죽었다. 글씨와 그림에 조예가 깊었으며, 古今(고금)의 서화를 모아 『宣化書畵譜(선화서화보)』를 편찬했다.

7

韓文公曰
한 문 공 왈

人不通古今이면　馬牛而襟裾니라
인 불 통 고 금　　　마 우 이 금 거

《 풀이 》

한문공이 말씀하기를 "사람이 고금(古今)을 알지 못하면 말과 소에 옷을 입힌 것과 같다"고 하였다.

《 새김 》

배불리 먹고 따뜻한 옷을 입고 편히 지내면서 배우지 않는다면 금수에 가깝다는 뜻과 같다. 학문에 힘써 온전한 인생을 살아야 한다는 뜻.

《 한문공부 》

- 公 공작 공(八부 2획)
  公子(공자) : 귀한 가문의 나이 어린 자제.
- 古 옛 고(口부 2획)
  古墳(고분) : 옛 무덤＝古塚(고총)
- 襟 옷깃 금(衣〔衤〕부 13획)
  襟帶(금대) : ① 깃과 띠. ② 의복.
△ 古今(고금) : 옛과 지금.
△ 襟裾(금거) : 옷깃과 옷자락.

韓文公(한문공)　당나라 德宗(덕종) 때의 학자. 이름은 愈(유), 자는 退之(퇴지). 당송팔대가의 제일인자이다. 유교를 숭상하고 불교와 도교를 배척하였다. 저서로『韓昌黎文集(한창려문집)』40권 외집 10권이 있다.

* 8 *

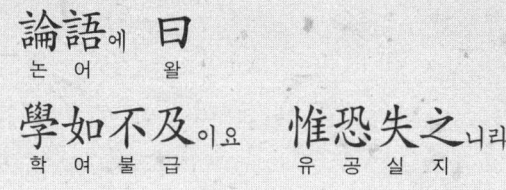

《 풀이 》

『논어』에 이르기를 "배우기를 미치지 못한 것같이 하고, 오직 배운 것을 잃을까 두려워하라"고 하였다.

《 새김 》

학문이란 언제나 일정한 수준에 도달하지 못한 것처럼 생각하고 계속 나아가는 자세가 필요하며, 또한 배운 것을 망각하지 않도록 힘써야 한다는 뜻.

《 한문공부 》

- 恐 두려워할 공(心부 6획)
  恐怖(공포) : 두렵고 무서움.
- 失 잃을 실(大부 2획)
  失踪(실종) : 종적을 잃음.
△ 不及(불급) : 미치지 못함.
△ 之(지) : 지시대명사로 앞에 나온 것을 가리킴. 그것.

論語(논어)　四書(사서)의 하나. 공자가 작고한 뒤에 제자들이 공자와 제자 사이의 문답, 공자의 행실, 언어 등을 모아 엮은 책으로, 공자 연구의 중요한 자료이다. 전 7권 20편으로 구성되어 있다.

정본 명심보감
明心寶鑑

제 10 편

訓子

훈자

자식을 공부시키라는 가르침

* 1 *

景行錄(경행록)에 云(운)
賓客不來(빈객불래)면 門戶俗(문호속)하고
詩書無敎(시서무교)면 子孫愚(자손우)니라

《 풀이 》

『경행록』에 이르기를 "손님이 오지 않으면 가정이 저속해지고, 시경과 서경을 가르치지 않으면 자손이 어리석게 된다"고 하였다.

《 새김 》

점잖고 훌륭한 손님의 출입이 잦으면 집안의 경사요, 자손에게 학문을 가르치지 않으면 자연 어리석어질 수밖에 없다는 뜻.

《 한문공부 》

- 賓 손님 빈(貝부 7획)
  賓客(빈객) : 지체가 높은 손.
- 戶 집 호(戶부 0획)
  戶主(호주) : 한 집의 가장.
- 俗 저속 속(亻부 7획)
  俗談(속담) : 예로부터 민간에서 전해 내려오는 격언.
- △ 賓客不來(빈객불래) : 손님이 오지 않는다.
- △ 無敎(무교) : 가르침이 없다는 것.

* 2 *

莊子曰
장 자 왈
事雖小나 不作이면 不成이요
사 수 소   부 작   불 성
子雖賢이나 不敎면 不明이니라
자 수 현   불 교   불 명

《 풀이 》

장자가 말씀하기를 "일이 비록 작더라도 하지 않으면 이루지 못할 것이요, 자손이 비록 어질지라도 가르치지 않으면 똑똑하지 못하느니라"고 하였다.

《 새김 》

일을 실천하지 않는데 성공을 기대할 수 없고, 자손이 뛰어난 자질을 지녔다 해도 가르치지 않으면 그 재능은 영원히 빛을 보지 못한다는 뜻.

《 한문공부 》

- 雖 비록 수(隹부 9획)
  雖然(수연) : 그러나.
- 作 지을 작(亻부 5획)
  作亂(작란) : 난리를 일으킴.
- 賢 어질 현(貝부 8획)
  賢母(현모) : 어진 어머니.
△ 事雖小(사수소) : 하는 일이 비록 작더라도.
△ 不明(불명) : 밝지 못하다. 현명하지 못하다.

3

漢書(한서)에 云(운)
黃金滿籯(황금만영)이 不如敎子一經(불여교자일경)이요
賜子千金(사자천금)이 不如敎子一藝(불여교자일예)니라

【 풀이 】

『한서』에 이르기를 "황금이 상자에 가득히 차 있다 해도 자손에게 경서 한 권을 가르치는 것만 같지 못하고, 자손에게 천금을 상속하도록 해도 기술 한 가지를 가르치는 것만 같지 못하다"고 하였다.

【 새김 】

황금이란 내 몸 밖의 티끌에 지나지 않는다. 다만 우리에게 소중한 것은 자손을 훌륭하게 가르치는 것뿐이다. 가장 귀하고 값진 유산은 올바르게 가르치는 것임을 강조한 글이다.

【 한문공부 】

- 滿 찰 만(氵부 11획)　　滿場(만장) : 회장에 가득 모임.
- 賜 줄 사(貝부 8획)
  賜藥(사약) : 임금이 독약을 내려 죽게 함. 또는 극약.
- 藝 예능 예(艸[++]부 15획) 藝能(예능) : 예술과 기능.

△ 籯(영) : 궤짝.
△ 不如(불여) : ~만 같지 못하다.
△ 藝(예) : 기예. 재주. 기술.

漢書(한서)　중국 前漢(전한)의 高祖(고조)로부터 王莽(왕망)까지 229년간의 역사를 기록한 책. 班彪(반표)가 시작한 것을 班固(반고)가 대성하고, 그의 누이 班昭(반소)가 보수했다.

✳ 4 ✳

> 至樂은 莫如讀書요
> 지락   막여독서
> 至要는 莫如敎子니라
> 지요   막여교자

《 풀이 》

매우 즐거운 것은 책을 읽는 것만 같음이 없으며, 매우 필요한 것은 자식을 가르치는 것만 같음이 없다.

《 새김 》

사람의 삶에는 여러 가지 즐거움이 있지만, 그중에 두 가지가 가장 큰 즐거움이다. 좋은 책을 찾아 독서삼매에 빠지는 즐거움과 자식을 가르치는 즐거움이라는 것.

《 한문공부 》

- 至 지극할 지(至부 0획)
  至誠(지성) : 지극히 성실함.
- 樂 즐거울 락(木부 11획)
  樂觀(낙관) : 형편을 좋게 봄.
- 要 풍요로울 요(襾〔西〕부 9획)
  要綱(요강) : 중요한 근본 골자나 줄거리.
- 莫 말 막(艸부 7획)
  莫論(막론) : 논할 것이 없음.
- △ 至樂(지락) : 지극히 즐거운 것.
- △ 莫如(막여) : 같은 것이 없다.
- △ 至要(지요) : 지극히 필요한 것.

제 10 편 훈자(訓子)

* 5 *

呂榮公 曰
여영공 왈

內無賢父兄하고   外無嚴師友이면
내무현부형   외무엄사우

而能有成者가 鮮矣니라
이능유성자   선의

【 풀이 】

여영공이 말씀하기를 "가정에 지혜로운 어버이와 형이 없고, 가정 밖에는 엄한 스승과 벗이 없으면서 충분히 뜻을 이룰 수 있는 사람이 드물다"고 하였다.

【 새김 】

집안에 어진 부형이 있어서 행동에 모범을 보이고, 집 밖에는 엄격한 스승과 벗이 있지 않으면 그 뜻을 성공시키기가 어렵다는 뜻.

【 한문공부 】

- 榮 영화 영(木부 10획)
  榮華(영화) : 몸이 귀하게 되고 이름이 남.
- 友 벗 우(又부 2획)
  友情(우정) : 친구 사이의 정의.
- 鮮 고울 선, 드물 선(魚부 6획)
  鮮血(선혈) : 신선한 피.

△ 內無賢父兄(내무현부형) : 집안에 어진 부형이 없다.
△ 而(이) : 순접의 접속사. ~면서.
△ 鮮(선) : 여기서는 '드물다'의 뜻.

呂榮公(여영공) 중국 北宋(북송) 때의 학자로 이름은 希哲(희철). 榮(영)은 시호이다. 저서로 『呂氏雜記(여씨잡기)』가 있다.

* 6 *

太公曰 男子失敎면 長必頑愚하고
태공왈 남자실교　　장필완우
女子失敎면 長必麤疎니라
여자실교　　장필추소

《 풀이 》

태공이 말씀하기를 "남자가 교육을 받지 못하면 반드시 미련하고 어리석어지며, 여자가 교육을 받지 못하면 성장해서 반드시 거칠고 치밀하지 못하다"고 하였다.

《 새김 》

남자가 배우지 않으면 온갖 사물이나 이치에 미혹되기 쉽고, 여자가 배우지 않으면 자연 거칠고 음식솜씨가 없게 마련이다. 따라서 남자고 여자고 자라면서 교육을 받아야 한다는 뜻.

《 한문공부 》

- 頑 완고할 완(頁부 4획)
  頑强(완강) : 태도가 질기고 굳셈.
- 失 잃을 실(大부 2획)
  失策(실책) : 계획이나 방법을 그르침.
- 疎 성길 소(疋부 7획)
  疎漏(소루) : 주의가 부족함.
△ 失敎(실교) : 가르침을 잃다. 교육을 받지 못하다.
△ 長必頑愚(장필완우) : 자라서는 반드시 완악하고 어리석음.
△ 麤(추) : 거친 것.

＊ 7 ＊

男年長大어든 莫習樂酒하고
남 년 장 대   막 습 악 주

女年長大어든 莫令遊走니라
여 년 장 대   막 령 유 주

《 풀이 》

남자가 성장하면 풍류나 술을 배우지 못하도록 하고, 여자가 성장하면 밖으로 놀러 다니지 못하게 해야 한다.

《 새김 》

남자는 자라날 때 저속한 음악이나 음주 버릇을 경계해야 하고, 여자가 나이들어 처녀가 되면 일없이 놀러 다니는 것을 경계해야 한다는 뜻.

《 한문공부 》

- 莫 말, 더할 수 없이 클 막(++부 7획)
  莫大(막대) : 수량이 예상 이상으로 많음.
- 習 익힐 습(羽부 5획)
  習作(습작) : 연습삼아 지음. 또는 그 작품.
- 走 달릴 주(走부 0획)
  走破(주파) : 끝까지 달림.

△ 莫習(막습) : 배우지 못하게 하는 것.

△ 樂酒(악주) : 풍류와 술.

△ 令(령) : ～하게 하다.

△ 遊走(유주) : 놀러다님.

8

嚴父는 出孝子하고
엄 부　　출 효 자

嚴母는 出孝女니라
엄 모　　출 효 녀

《 풀이 》

엄격한 아버지에게서는 효자가 나오고, 엄격한 어머니에게서는 효녀가 나온다.

《 새김 》

자녀교육을 소홀히 하여 생겨나는 여러 가지 사회문제에는 부모의 역할이 크다는 뜻.

《 한문공부 》

- 嚴 엄할 엄(口부 17획)

　嚴禁(엄금) : 엄중하게 금지함.
- 出 날 출(凵부 3획)

　出馬(출마) : 선거에 입후보함.
- 孝 효도 효(子부 4획)

　孝婦(효부) : 시부모를 잘 섬기는 며느리.

△ 嚴父(엄부) : 엄격한 부친.

△ 出(출) : 길러낸다.

* 9 *

憐兒어든 多與棒하고
연 아   다 여 봉

憎兒어든 多與食하라
증 아   다 여 식

《 풀이 》

아이를 진정으로 사랑한다면 매를 많이 주고, 아이를 진정으로 미워한다면 음식을 많이 주라.

《 새김 》

"미운 아이 떡 하나 더 준다"라는 속담이 있다. 버릇이 없고 보채어도 떡이나 하나 더 쥐어 주어 그 순간을 넘겨 버리면 되니까 아이는 나쁜 버릇만 갖게 된다.

《 한문공부 》

- 憐 불쌍할 련, 사랑할 련(忄부 12획)

  憐憫(연민) : 가련하고 불쌍하게 여김.

- 與 줄 여(臼부 7획)

  與信(여신) : 금융기관에서 고객에게 대부하는 일.

- 憎 미워할 증(忄부 12획)

  憎惡(증오) : 미워함. 싫어함.

△ 棒(봉) : 몽둥이, 곧 매를 말한다.

* 10 *

人皆愛珠玉이나 我愛子孫賢이니라
인 개 애 주 옥   아 애 자 손 현

《 풀이 》

다른 사람들은 모두 귀중한 구슬과 옥을 사랑하지만, 나는 자손들의 어진 것을 사랑한다.

《 새김 》

귀중한 구슬과 옥보다도 자손의 현명함을 좋아하는 글이다. 자녀 교육에 이런 심정으로 임한다면 훌륭한 자손을 키울 수 있다는 뜻.

《 한문공부 》

- 愛 사랑 애(心부 9획)

  愛顧(애고) : 사랑하여 돌보아 줌.
- 珠 구슬 주(王부 6획)

  珠玉(주옥) : 구슬과 옥. 아름답고 값진 물건의 비유.
- 孫 손자 손(子부 7획)

  孫子(손자) : 자녀의 아들.

△ 賢(현) : 어질고 현명함.

정본 명심보감
明心寶鑑

제 11 편

省心

성심
上

항상 마음을 성찰하라는 가르침

※ 1 ※

景行錄에 云 寶貨는 用之有盡이요
경 행 록   운   보 화   용 지 유 진
忠孝는 享之無窮이니라
충 효   향 지 무 궁

《 풀이 》

『경행록』에 이르기를 "보배와 재물은 쓰면 없어지고, 충성과 효성은 누려도 다함이 없다"고 하였다.

《 새김 》

충효(忠孝)는 정신적 가치를 지니고 있으므로 누림에 다함이 없다. 얼마든지 마음 속에 남아 있다는 뜻.

《 한문공부 》

- 寶 보배 보(宀부 17획)

  寶鑑(보감) : ① 훌륭한 거울. ② 모범이 될 만한 책.

- 享 누릴 향(亠부 6획)

  享年(향년) : 한 평생 누린 나이. 중년 이상 살았을 때 한함.

- 窮 궁할 궁(穴부 10획)

  窮理(궁리) : 사물의 이치를 연구함.

△ 寶貨(보화) : 보물이나 재화(財貨).

△ 享(향) : 누리다. 드리다.

△ 無窮(무궁) : 한이 없다. 끝이 없다. 다함이 없다.

❋ 2 ❋

家和면 貧也好어니와 不義면 富如何요
가 화   빈 야 호   불 의   부 여 하

但存一子孝면 何用子孫多리오
단 존 일 자 효   하 용 자 손 다

《 풀이 》

집안이 화목하면 가난해도 즐겁고, 의롭지 않은 부자라면 무엇하겠는가. 다만 효도하는 아들 하나만 있다면 좋지, 자손이 많아서 무엇하겠는가.

《 새김 》

가정은 서로 화목해야 삶의 보람이 있고, 변변치 못한 자식이 많으면 걱정만 많으니 효도하는 아들 하나만으로 족하다는 뜻.

《 한문공부 》

- 貧 빈할 빈(貝부 4획)
  貧相(빈상) : 가난이 나타나 보이는 상.
- 但 단지 단(亻부 5획)
  但只(단지) : 다만. 한갓.
- 用 쓸 용(用부 0획)
  用務(용무) : 볼 일.
△ 家和(가화) : 집안이 화목한 것.
△ 貧也好(빈야호) : 가난해도 좋다.
△ 何用(하용) : 무엇에 쓰리오, 즉 소용없다는 말.

＊3＊

父不憂心은 因子孝요 夫無煩惱는
부불우심   인자효   부무번뇌

是妻賢이라 言多語失은 皆因酒요
시처현   언다어실   개인주

義斷親疎는 只爲錢이라
의단친소   지위전

《 풀이 》

아버지가 근심 걱정하지 않는 까닭은 자식이 효도하기 때문이요, 남편이 번뇌가 없는 까닭은 아내가 어질기 때문이다. 말이 많고 언어에 실수하는 까닭은 술 때문이요, 의리가 끊어지고 친함이 소홀해지는 것은 오직 금전 때문이다.

《 새김 》

자식이 효도하면 아버지는 근심이 없고, 아내가 현명하면 남편은 번뇌가 없다. 술로 인해서 말의 실수가 많고, 돈으로 부자 형제 사이도 의리가 끊어지는 수가 있다. 그러니 술과 금전에 조심해야 한다는 뜻.

《 한문공부 》

- 煩 번거로울 번(火부 9획)

  煩悶(번민) : 번거롭고 답답하여 괴로워함.

- 惱 번뇌할 뇌(忄부 9획)

  惱殺(뇌쇄) : 미인에 매료(魅了)되는 경우.

- 斷 끊을 단(斤부 14획)

  斷水(단수) : 수도물을 끊음. 물줄기를 막아 끊음.

△ 不憂心(불우심) : 근심하지 않는 것.

△ 無煩惱(무번뇌) : 번뇌가 없는 것.

* 4 *

旣取非常樂이어든 須防不測憂니라
기 취 비 상 락   수 방 불 측 우

《 풀이 》

이미 보통이 아닌 즐거움을 가졌거든 모름지기 예측할 수 없는 근심을 방비할 것이다.

《 새김 》

사랑과 증오가 같은 뿌리에서 자라나듯이, 즐거움과 근심 걱정 역시 늘 이웃에 자리하고 있는 것이다. 즉 호사다마(好事多魔)라는 것임.

《 한문공부 》

- 旣 이미 기(旡부 7획)
  旣決(기결) : ① 이미 결정됨. ② 재판의 판결이 확정됨.
- 取 취할 취(又부 6획)
  取利(취리) : (곡식이나 돈 따위를) 꾸어주어서 변리를 받음. 또는 그 일.
- 測 헤아릴 측(氵부 9획)
  測量(측량) : 길이, 높낮이, 깊이 등을 재어서 계산함. 마음을 헤아림.
- △ 非常(비상) : 보통이 아님.
- △ 須(수) : 모름지기.
- △ 不測憂(불측우) : 미리 예측할 수 없는 근심 걱정.

5

得寵思辱하고 **居安慮危**니라
득 총 사 욕　　거 안 려 위

《 풀이 》

은총을 얻으면 반대로 욕됨을 생각하고, 편안하게 거처하거든 위태로운 상태를 생각할 것이다.

《 새김 》

무상한 것이 인생이라는 절실한 교훈이 담겨 있는 글이다. 사랑도 편안함도 영원히 계속될 것처럼 생각되지만, 사실은 그렇지 못하는 게 인생이란 뜻.

《 한문공부 》

- 得 얻을 득(彳부 8획)
  得男(득남) : 아들을 낳음. 生男(생남).
- 辱 욕할 욕(辰부 3획)
  辱說(욕설) : 욕하는 말. 모욕적인 말.
- 慮 생각할 려(心부 11획)
  考慮(고려) : 생각함.

△ 寵(총) : 은총. 사랑하고 귀여워함.
△ 居安(거안) : 편안히 거처하다.

6

榮輕辱淺이요　**利重害深**이니라
영 경 욕 천　　　이 중 해 심

《 풀이 》

명예로움이 가벼우면 욕됨이 얕고, 이익이 많고 무거우면 손해도 심각하다.

《 새김 》

영화가 지나치면 반드시 욕됨이 따르고, 이익을 추구하는 것이 지나치면 반드시 그 손해가 많다는 법이다. 이것이 자연의 공평함을 이르는 말임.

《 한문공부 》

- 榮 영화 영 (木부 10획)
  榮光(영광) : 영예로운 현상.
- 輕 가벼울 경 (車부 7획)
  輕妄(경망) : 말이나 행동이 가볍고 방정맞음.
- 深 깊을 심 (氵부 8획)
  深刻(심각) : 아주 깊고 절실함.
△ 辱淺(욕천) : 욕됨이 얕음.
△ 害深(해심) : 손해가 많음.

7

甚愛必甚費요 甚譽必甚毀요
심 애 필 심 비   심 예 필 심 훼

甚喜必甚憂요 甚贓必甚亡이니라
심 희 필 심 우   심 장 필 심 망

《 풀이 》

애정이 지나치면 반드시 심한 소모를 가져오고, 칭찬받는 일이 과하면 반드시 심한 헐뜯음을 가져온다. 기쁨이 지나치면 반드시 심한 근심을 가져오고, 뇌물을 탐하는 것이 지나치면 반드시 심한 멸망을 초래한다.

《 새김 》

무엇이든 정도를 벗어나면 이미 쇠운이 따른다는 것이 천리(天理)이다. 알맞게 중용을 취해서 후회하는 일이 없도록 하라는 뜻.

《 한문공부 》

• 費 소비할 비(貝부 5획)
  費用(비용) : 드는 돈.
• 毀 헐 훼(殳부 9획)
  毀謗(훼방) : ① 남을 헐뜯어 비방함. ② 남의 일을 방해함.
• 喜 기쁠 희(口부 9획)
  喜報(희보) : 기쁜 기별. 기쁜 소식.
△ 甚愛(심애) : 애정이 지나침.
△ 毀(훼) : 훼손. 비방의 뜻.
△ 贓(장) : 뇌물을 받다.

* 8 *

> 子曰
> 자 왈
> 不觀高崖면 何以知顚墜之患이며
> 불 관 고 애　　하 이 지 전 추 지 환
> 不臨深泉이면 何以知沒溺之患이며
> 불 림 심 천　　하 이 지 몰 익 지 환
> 不觀巨海면 何以知風波之患이리오
> 불 관 거 해　　하 이 지 풍 파 지 환

《 풀이 》

공자가 말씀하였다. "높고 준험한 낭떠러지를 보지 않으면 어찌 굴러 떨어지는 아픔을 알며, 깊고 깊은 샘에 가지 않으면 어찌 빠져 죽는 아픔을 알며, 넓고 넓은 바다를 보지 않고서는 어찌 풍파가 일어나는 무서운 환란을 알리오."

《 새김 》

"먼 앞날을 걱정하지 않으면 가까운 날에 반드시 근심이 있으리라"고 한 말과 뜻이 통한다. 누구든지 닥칠지도 모를 불운에 미리 대비하는 마음을 가져야 한다.

《 한문공부 》

- 觀 볼 관(見부 18획)

　觀測(관측) : 자연현상의 변화나 상태를 관찰하여 측정함.
- 崖 벼랑 애(山부 8획)　　　　端崖(단애) : 낭떠러지 끝.
- 顚 엎어질 전(頁부 10획)　顚末(전말) : 일의 처음과 끝.

△ 高崖(고애) : 높다란 낭떠러지.

△ 顚墜(전추) : 위에서부터 굴러 떨어지는 것.

△ 沒溺(몰익) : 물에 빠져드는 것.

제 11 편 성심(省心)上

* 9 *

欲知未來커든　先察已然하라
욕 지 미 래　　선 찰 이 연

《 풀이 》

앞날을 알고 싶으면 지나간 일을 살펴보라.

《 새김 》

지나간 일을 돌이켜서 살펴본다면 앞으로 닥쳐올 일도 미루어서 알 수 있다는 뜻.

《 한문공부 》

- 未 아직 미(木부 1획)

  未熟(미숙) : ① 다 익지 않음. ② 익숙하지 못함.

- 先 먼저 선(儿부 4획)

  先約(선약) : 먼저 약속함.

- 察 살필 찰(宀부 11획)

  察知(찰지) : 살펴서 앎. 미루어 앎.
- △ 已然(이연) : 이미 지나간 일.

* 10 *

子曰　明鏡은 所以察形이요
자왈　명경　소이찰형
往者는 所以知今이니라
왕자　소이지금

《 풀이 》

공자가 말씀하였다. "밝은 거울은 얼굴을 잘 볼 수 있고, 지나간 일은 현재를 알 수 있다."

《 새김 》

맑은 거울이 얼굴을 비춰 보는 도구인 것처럼 지나간 일은 미래를 알 수 있는 방법이 되어 준다는 뜻.

《 한문공부 》

- 明 밝을 명(日부 4획)
  明堂(명당) : 썩 좋은 묏자리나 집터.
- 鏡 거울 경(金부 11획)
  鏡鑑(경감) : ① 거울. ② 본보기
- 往 갈 왕(彳부 5획)
  往生(왕생) : 이 세상을 떠나 극락정토로 감.
- △ 所以(소이) : 서술어가 뒤에 나오면 '방법' 또는 '이유'로 해석됨.
- △ 察形(찰형) : 얼굴을 살펴보는 것.
- △ 往者(왕자) : 지나간 일.

＊ 11 ＊

過去事는 如明鏡이요
과 거 사　여 명 경
未來事는 暗似漆이니라
미 래 사　암 사 칠

《 풀이 》

지나간 일은 밝기가 거울같이 맑고, 앞날의 일은 어둡기가 칠흑(漆黑)과 같다.

《 새김 》

지나간 일들은 생각하면 소상히 기억해 낼 수 있으나, 미래의 일이란 칠흑처럼 캄캄해서 전혀 알길이 없다. 단지 지금으로서는 최선을 다 할 뿐이라는 뜻.

《 한문공부 》

- 過 지날 과(辶 부 9획)
  過程(과정) : 일이 되어 가는 경로.
- 似 흡사 사(亻부 5획)
  似而非宗敎(사이비종교) : 가짜 종교.
- 漆 옻 칠(氵부 11획)
  漆板(칠판) : 분필로 글씨를 쓰는 판.

△ 暗(암) : 어둠.
△ 漆(칠) : 칠흑.

* 12 *

景行錄에 云
경행록   운
明朝之事를 薄暮에 不可必이요
명조지사   박모   불가필
薄暮之事를 晡時에 不可必이니라
박모지사   포시   불가필

【 풀이 】

『경행록』에 이르기를, "내일 아침의 일을 저녁 때에 가히 그렇게 된다고 알지 못할 것이요, 저녁 때의 일을 오후 4시쯤 가히 반드시 그렇게 된다고 단언못할 것이다"고 하였다.

【 새김 】

언제나 말과 행동을 조심해 앞날에 대비할 것을 가르치는 교훈이라 하겠다.

【 한문공부 】

• 薄 얇을 박(氵부 13획)
  薄氷(박빙) : 살얼음.
• 暮 저물 모(艹부 11획)
  暮春(모춘) : 늦봄. 음력 3월
• 晡 저녁 포(日부 7획)
  晡時(포시) : 저녁 때. 오후 4시쯤.
△ 明朝(명조) : 내일 아침.
△ 薄暮(박모) : 저녁 때.
△ 不可必(불가필) : 반드시 그렇게 할 수 없는 것.

제 11 편 성심(省心)上

* 13 *

天有不測風雨하고
천 유 불 측 풍 우
人有朝夕禍福이니라
인 유 조 석 화 복

【 풀이 】

하늘에는 예측할 수 없는 비바람이 있고, 사람은 아침 저녁으로 재앙과 복이 있다.

【 새김 】

운명의 변전 속에서 인간이 어떻게 처신하고 대처해 나가야 하는지가 암시적으로 내포된 글이다.

【 한문공부 】

- 風 바람, 풍속 풍(風부 0획)
  風紀(풍기) : 풍속이나 사회 도덕에 관한 기율.
- 雨 비 우(雨부 0획)
  雨傘(우산) : 양산 모양으로 생긴 우비.
- 禍 재앙 화(示〔礻〕부 9획)
  禍福(화복) : 재앙과 복록.
- △ 不測(불측) : 예측할 수 없는 것.
- △ 風雨(풍우) : 바람과 비.

* 14 *

未歸三尺土_{하얀}　難保百年身_{이요}
미 귀 삼 척 토　　　　난 보 백 년 신

已歸三尺土_{하얀}　難保百年墳_{이니라}
이 귀 삼 척 토　　　　난 보 백 년 분

《 풀이 》

아직 석 자 흙 속으로 돌아가지 않고서는 백 년의 몸을 지탱하기가 어렵고, 이미 석 자 흙 속으로 돌아가서는 백 년의 무덤을 보전키 어려울 것이다.

《 새김 》

무상한 인간의 삶에서 한마저 남긴다면 얼마나 덧없겠는가. 그러므로 인생에서 가장 소중한 것은 정직하게 살고 남과 원한을 맺지 말아야 한다는 뜻.

《 한문공부 》

• 歸 돌아갈 귀(止부 14획)
  歸路(귀로) : 돌아가는 길.
• 難 어려울 난(隹부 11획)
  難堪(난감) : 이러기도 어렵고 저러기도 어려워 매우 딱함.
• 保 보전할 보(亻부 7획)
  保留(보류) : 처분 따위를 미루어 둠.
△ 難保(난보) : 보전하기 어려운 것.
△ 已歸(이귀) : 이미 돌아가다.

※ 15 ※

景行錄에 云
경 행 록   운

木有所養이면 則根本固而枝葉茂하여
목 유 소 양   즉 근 본 고 이 지 엽 무

棟樑之材成하고
동 량 지 재 성

水有所養이면 則泉源壯而流派長하여
수 유 소 양   즉 천 원 장 이 유 파 장

灌漑之利博하고
관 개 지 리 박

人有所養이면 則志氣大而識見明하여
인 유 소 양   즉 지 기 대 이 식 견 명

忠義之士出이니 可不養哉아
충 의 지 사 출   가 불 양 재

【 풀이 】

『경행록』에 이르기를 "나무를 잘 기르면 뿌리가 튼튼하고 가지와 잎이 무성해서 마룻대와 대들보감을 이룬다. 물을 잘 가꾸면 샘의 수원이 세차게 솟아나고 물줄기가 깊고 흐름이 길어져 관개에 이로움이 많다. 사람은 뜻과 기상이 크고 식견을 밝게 길러야 충성스럽고 의로운 인물이 배출된다. 그러니 어찌 이와 같이 기르지 않겠는가" 하였다.

【 새김 】

사람도 나무와 물과 같이 인재를 알아보는 안목과 제대로 기를 줄 아는 지혜를 가져야 걸출한 인물을 배출해 낼 수 있다는 뜻.

【 한문공부 】

- 根 뿌리 근(木부 6획)

  根治(근치) : 병을 근본적으로 고침.

- 茂 무성할 무(艸[++]부 5획)

  茂盛(무성) : 초목이 잘 자라 우거짐.

- 樑=梁 대들보 량(木부 11획)

  橋梁(교량) : 다리.

△ 棟樑之材(동량지재) : 마룻대와 대들보감을 만들 수 있는 훌륭한 재목.

△ 灌漑(관개) : 논밭에 물을 대는 것.

△ 可不養哉(가불양재) : 기르지 않을 수 있겠는가!

∗ 16 ∗

疑人莫用하고　用人勿疑니라
의 인 막 용　　용 인 물 의

【 풀이 】

사람을 의심하게 되면 부리지 말고, 사람을 부리면 의심하지 말라.

【 새김 】

남을 믿게 될 때 서로 신뢰하고 아끼는 풍토가 조성된다는 뜻.

【 한문공부 】

- 莫 말, 더할 수 없이 클 막(++부 7획)

  莫論(막론) : 따져 말할 나위도 없이.

- 用 쓸 용(用부 0획)

  用例(용례) : 무엇의 사용을 보여 주는 예.

△ 莫用(막용) : 쓰지 말라.

△ 勿疑(물의) : 의심하지 말라.

※ 17 ※

自信者는 人亦信之하나니
자 신 자　　　인 역 신 지
吳越이　皆兄弟요　自疑者는
오 월　　개 형 제　　자 의 자
人亦疑之하나니　身外에　皆敵國이니라
인 역 의 지　　　신 외　　개 적 국

《 풀이 》

스스로를 믿는 사람은 다른 사람도 또한 믿으니 오(吳)와 월(越)일지라도 모두 형제처럼 될 수 있고, 스스로를 의심하는 사람은 다른 사람도 또한 의심하니 자기 이외에는 모두 적국처럼 될 것이다.

《 새김 》

월나라와 오나라는 원수 사이라도 형제처럼 될 수 있다. 반대로 자기 스스로를 의심하는 사람은 그 마음을 미루어서 다른 사람도 의심하게 되니 자연 남도 또한 그를 의심하게 마련이다. 이런 사람은 다른 사람을 모두 적으로 만드는 것이다.

《 한문공부 》

- 信 믿을 신(亻부 7획)
  信仰(신앙) : 종교를 믿고, 교의(敎義)를 받드는 일.
- 越 넘을 월(走부 5획)　　　　越冬(월동) : 겨울을 넘김.
- 疑 의심할 의(疋부 9획)
  疑問(의문) : ① 의심스러운 일. ② 의심스러운 점을 물음.
△ 身外(신외) : 자기 이외의 사람.

吳越(오월)　중국 춘추전국시대의 오나라와 월나라는 자주 싸워 원수 나라가 되었다.

✳ 18 ✳

諷諫에 云 水底魚天邊雁은 高可
풍간   운 수저어천변안   고가
射兮低可釣이어니와 惟有人心咫尺
사혜저가조   유유인심지척
間에 咫尺心不可料니라
간   지척심불가료

《 풀이 》

풍간에 이르기를 "물 속에 있는 물고기와 하늘에 떠 있는 기러기는 높은 하늘에 있는 것은 활로 쏘고, 낮은 곳에 있는 것은 낚시로 낚을 수 있다. 그러나 오직 사람의 마음은 바로 곁에 있어도 그 가까이 있는 마음을 가히 짐작할 길이 없다."

《 새김 》

사람의 마음이란 그 속을 짐작할 수 없다는 것을 강조한 글이다.

《 한문공부 》

• 諷 풍자할 풍(言부 9획)
  諷刺(풍자) : 빗대어 남의 결점을 찌름.
• 諫 간할 간(言부 9획)
  諫臣(간신) : 임금의 과실을 충직하게 간하는 사람.
• 料 헤아릴 료(斗부 6획)
  料理(요리) : 음식물을 조리함.
△ 諷諫(풍간) : 슬며시 꾸짖는 뜻을 비추어 다른 사람을 빗대어 깨우치게 하는 책이름.
△ 天邊雁(천변안) : 하늘가에 나는 기러기.
△ 咫尺(지척) : 지극히 가까운 거리.

* 19 *

畵虎畵皮難畵骨이요
화 호 화 피 난 화 골

知人知面不知心이니라
지 인 지 면 부 지 심

《 풀이 》

호랑이를 그리되 겉모습은 그릴 수 있으나 뼈는 그리기 어렵고, 사람을 알되 얼굴은 알지만 마음은 알지 못한다.

《 새김 》

앞장과 맥락을 같이 한 글이다. 즉 "열 길 물속은 알아도 한 길 사람의 마음 속은 알 길이 없다"는 말과 뜻이 같다.

《 한문공부 》

- 畵 그림 화, 그을 획(田부 7획)

  畵順(획순) : 글씨를 쓸 때의 쓰는 순서.

- 皮 가죽 피(皮부 0획)

  皮膚(피부) : 살가죽. 살갗.

- 骨 뼈 골(骨부 0획)

  骨董品(골동품) : 애완(愛玩)할 만한 옛 세간이나 미술품.

△ 難畵骨(난화골) : 뼈를 그리기는 힘들다의 뜻.

△ 不知心(부지심) : 마음을 알지 못하다.

❋ 20 ❋

對面共話하되 心隔千山이니라
대 면 공 화   심 격 천 산

《 풀이 》

얼굴을 맞대고 서로 이야기는 하지만 마음은 여러 산이 막힌 듯 멀리 떨어져 있다.

《 새김 》

사람의 마음이란 몸을 맞대고 가까이 있다고 해서 마음까지 가까운 것은 아니다. 그 마음에 얼마나 진심이 있는지가 소중한 것이라는 뜻.

《 한문공부 》

- 隔 막힐 격(阜[阝]부 10획)

  隔世(격세) : 세상이 딴판으로 바뀜.

- 話 말씀 화(言부 6획)

  話題(화제) : ① 이야깃거리. ② 이야기의 제목.

△ 隔千山(격천산) : 서로 멀리 떨어져 있음.

※ 21 ※

海枯면 終見底나
해 고   종 견 저
人死엔 不知心이니라
인 사   부 지 심

《 풀이 》

바다는 물이 마르면 마침내 그 바닥을 볼 수 있지만, 사람은 죽고 난 뒤에도 그 마음 속을 알지 못한다.

《 새김 》

사람의 마음은 헤아리기가 힘들다는 것을 뜻함.

《 한문공부 》

- 枯 마를 고(木부 5획)
  枯渴(고갈) : 물이 바싹 마름.
- 終 끝날 종(糸부 5획)
  終決(종결) : 결말이 남.
△ 海枯(해고) : 바닷물이 마르다.
△ 終見底(종견저) : 마침내 바닥을 보다.

* 22 *

太公曰
태공 왈
凡人은 不可逆相이요
범인　불가역상
海水는 不可斗量이니라
해수　불가두량

《 풀이 》

태공이 말씀하기를 "보통 사람은 가히 앞날을 점칠 수 없고, 바닷물은 말〔斗〕로써 그 양을 잴 수 없다"고 하였다.

《 새김 》

바닷물을 말로 잴 수 없는 것과 마찬가지로 사람의 앞날을 예측할 수가 없다는 뜻.

《 한문공부 》

- 逆 거스를 역(辶부 6획)
  逆說(역설) : 반대되는 이론＝이론(異論)
- 斗 말 두(斗부 0획)
  斗酒(두주) : 말술. 많은 술.
△ 逆相(역상) : 앞으로 닥쳐올 운명을 점치는 것.
△ 斗量(두량) : 말로써 되다.

＊ 23 ＊

景行錄에 云
경행록   운
結怨於人은 謂之種禍요
결원어인   위지종화
捨善不爲는 謂之自賊이니라
사선불위   위지자적

【 풀이 】

『경행록』에 이르기를 "다른 사람과 원수를 맺는 것은 재앙의 씨앗을 뿌리는 것이요, 착함을 버리고 행하지 않는 것은 스스로 자신의 몸을 해치는 것이다"고 하였다.

【 새김 】

남과 원수를 맺게 되면 몸을 다치고 집안이 망하는 화를 입는 수도 있고, 선을 버리고 행하지 않는 것은 도덕상 용납되지 않는다는 뜻.

【 한문공부 】

- 結 맺을 결(糸부 6획)
  結婚(결혼) : 부부 관계를 맺음.
- 怨 원망할 원(心부 5획)
  怨望(원망) : 남을 못마땅히 여기고 미워함.
- 捨 버릴 사(扌부 8획)
  捨身(사신) : 몸을 버림.
- △ 結怨(결원) : 원수를 맺는 것.
- △ 自賊(자적) : 스스로를 해치는 것.

※ 24 ※

若聽一面說이면　便見相離別이니라
약 청 일 면 설　　　변 견 상 이 별

《 풀이 》

만약 한쪽의 말만 듣게 되면 친한 사이가 갑자기 멀어지고 만다.

《 새김 》

어느 한편의 말만 듣게 된다면 자칫 미혹에 빠지는 우(愚)를 범할 수 있으니 이를 경계하라는 뜻.

《 한문공부 》

- 說 말씀 설(言부 7획)
  說明(설명) : 풀이하여 밝힘. 또는 그 말.
- 離 떠날 리(隹부 11획)
  離婚(이혼) : 부부의 인연을 끊음 ↔ 結婚(결혼)

△ 若(약) : 만약

△ 便(변) : 문득. 갑자기.

△ 相離別(상이별) : 서로 멀어지다.

* 25 *

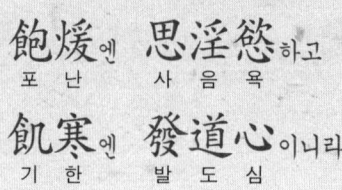

《 풀이 》

사람이란 배부르고 따뜻하면 음욕이 생각나고, 굶주리고 추우면 도덕적 마음이 일어난다.

《 새김 》

부귀할수록 자칫 도덕적으로 방탕해지기 쉬우니 그렇게 되지 않도록 노력해야 한다는 교훈이다.

《 한문공부 》

- 飽 배부를 포(食부 5획)
  飽和(포화) : 가득 차서 부족함이 없음.
- 飢 주릴 기(食부 2획)
  飢饉(기근) : 흉년으로 양식이 매우 부족함.
△ 飽煖(포난) : 배부르고 따뜻한 것.
△ 淫慾(음욕) : 음탕한 욕정.
△ 飢寒(기한) : 배고프고 추운 것.
△ 道心(도심) : 도덕적 마음.

* 26 *

疏廣曰　賢人多財면　則損其志하고
소 광 왈　현 인 다 재　즉 손 기 지

愚人多財면　則益其過니라
우 인 다 재　즉 익 기 과

《 풀이 》

소광이 말씀하기를 "어진 사람이 재물이 많으면 그의 지조가 손상되고, 어리석은 사람이 재물이 많으면 허물이 더해진다"고 하였다.

《 새김 》

재물로 인해 어리석은 삶을 살지 말 것을 경계한 글이다.

《 한문공부 》

• 財 재물 재(貝부 3획)
　財務(재무) : 재정에 관한 사무.
• 志 뜻 지(心부 3획)
　志操(지조) : 굳은 의지. 굳은 절개.
△ 損其志(손기지) : 그 지조를 손상하다.
△ 益其過(익기과) : 그 허물을 더하다.

疏廣(소광)　前漢(전한) 宣帝(선제) 때 사람. 太傅(태부)의 지위에 있다가 나이가 많아 벼슬을 그만두니, 선제와 태자가 많은 재물을 내렸다. 그러나 그는 그 재물들을 하나도 남김없이 옛 친구들에게 나누어 주었다. 어떤 사람이 그에게 재물을 두었다가 자손들에게 남겨주기를 권하자 바로 이와같이 대답했다고 한다.

제 11 편 **성심(省心)上**

※ 27 ※

人貧智短하고 **福至心靈**이니라
인 빈 지 단　　복 지 심 령

《 풀이 》

사람이 가난하면 지혜가 천박해지고, 복이 이르면 마음이 존귀해진다.

《 새김 》

의식(衣食)이 족해야 예절을 알고 인사를 차릴 수 있다고 옛부터 말해왔다. 비천함도 허물이 될 수 있다는 것을 뜻함.

《 한문공부 》

- 智 지혜 지(日부 8획)
  智慧(지혜) : 분별하는 마음의 작용.
- 短 짧을 단(矢부 7획)
  短靴(단화) : 목이 짧은 구두.
- 靈 신령 령(雨부 16획)
  靈魂(영혼) : 넋. 정신.
- △ 智短(지단) : 지혜가 짧아진다.
- △ 心靈(심령) : 마음이 밝아지다. 존귀해지다.

* 28 *

不經一事면 不長一智니라
불 경 일 사   부 장 일 지

《 풀이 》

한 가지 일을 경험하지 않으면 한 가지 지혜도 자라지 않으리라.

《 새김 》

무슨 일이든 제대로 경험해 보고 지혜로 삼음으로써 삶에 대한 참된 의미를 터득해 가야 한다는 뜻.

《 한문공부 》

- 經 겪을 경(糸부 7획)
  經驗(경험) : 실지로 보고 듣고 겪는 일, 또는 그 과정 및 과정에서 얻는 지식이나 기능.
- 長 길 장(長[镸]부 0획)
  長蛇陣(장사진) : 많은 사람이 줄을 지어 길게 늘어선 모양.
- △ 不經(불경) : 경험하지 않으면.
- △ 不長(부장) : 자라지 않다.

＊ 29 ＊

是非終日有라도 **不聽**이면 **自然無**니라
시 비 종 일 유　　　　불 청　　　자 연 무

《 풀이 》

하루종일 시비가 있을지라도 이를 듣지 않으면 저절로 없어진다.

《 새김 》

한손으로 손뼉을 칠 수 없듯이 상대방이 시비를 걸어와도 이 편에서 대꾸를 안하면 그 말썽이 저절로 없어져 버린다는 뜻.

《 한문공부 》

- 是 이. 옳을 시(日부 5획)

  是非(시비) : 옳음과 그름.

- 自 스스로 자(自부 0획)

  自覺(자각) : 스스로 자기의 실력이나 가치를 깨달음.

△ 不聽(불청) : 듣지 않는다.

✽ 30 ✽

來說是非者는 便是是非人이니라
내 설 시 비 자　　변 시 시 비 인

《 풀이 》

찾아와서 시비를 거는 사람이 곧 시비하는 사람이다.

《 새김 》

지나치게 쓸데없이 여러 말을 하고 다니며 시비를 걸려고 드는 행위 역시 옳은 짓은 아니라는 뜻.

《 한문공부 》

- 非 아닐 비(非부 0획)

  非難(비난) : 남의 잘못이나 흠 따위를 책잡아서 나쁘게 말함.

- 便 곧 변(亻부 7획)

  便秘(변비) : 대변이 잘 나오지 않는 병.

△ 說(설) : 말하다.

△ 便(변) : 바로. 곧. '편'으로 발음할 때는 편리할 편.

△ 是(시) : 첫번째 是는 '~이다', 두번째 是는 '옳다'의 뜻.

* 31 *

擊壤詩에 云 平生에 不作皺眉事
격양시 운 평생 부작추미사
하면 世上에 應無切齒人이니
　　　세상　응무절치인
大名을 豈有鐫頑石가
대명　기유전완석
路上行人이 口勝碑니라
노상행인　구승비

《 풀이 》

「격양시」에 이르기를 "한 평생 눈썹 찡그릴 일을 하지 않으면 세상에 이를 갈 원수같은 사람이 없을 것이다. 크게 유명해진 이름을 어찌 아무런 생각도 없는 돌에 새길 것인가. 그것보다는 길 가는 사람의 입이 비석보다 나으니라"고 하였다.

《 새김 》

돌에 새긴 이름이 무엇이 대단하겠는가. 그보다도 죽은 후에 많은 사람들의 입에 회자되는 명성이 참다운 명성이라는 뜻.

《 한문공부 》

- 擊 칠 격(手부 13획)　　　擊滅(격멸) : 쳐서 멸망시킴.
- 眉 눈썹 미(目부 4획)　　　眉間(미간) : 두 눈썹 사이.
- 頑 완고할 완(頁부 4획)
　頑固(완고) : 성질이 끈질기고 고집이 셈.
△ 皺眉(추미) : 눈썹을 찌푸리는 것.
△ 鐫(전) : 새기다.
△ 頑石(완석) : 굳은 돌
△ 口勝碑(구승비) : 입이 비석보다 낫다.

* 32 *

有麝自然香이니 何必當風立고
유 사 자 연 향   하 필 당 풍 립

《 풀이 》

사향을 가졌으면 저절로 향기로운데, 어찌 꼭 바람을 맞아 서야 하리오.

《 새김 》

높은 학덕을 지닌 사람은 자랑하지 않아도 저절로 세상이 그의 학덕을 알아줄 날이 오게 된다는 뜻.

《 한문공부 》

- 香 향기 향(香부 0획)
  香爐(향로) : 향을 피우는 기구.
- 風 바람 풍(風부 0획)
  風景(풍경) : 경치.
△ 麝香(사향) : 사향노루 수컷의 배꼽과 불두덩을 싸고 있는 향주머니를 쪼개어서 말린 향료.
△ 當風立(당풍립) : 바람을 맞아 서다.

* 33 *

王參政 四留銘에 曰
왕 참 정　사 류 명　　왈

留有餘不盡之巧하여
유 유 여 부 진 지 교

以還造物하고
이 환 조 물

留有餘不盡之祿하여
유 유 여 부 진 지 록

以還朝廷하고
이 환 조 정

留有餘不盡之財하여
유 유 여 부 진 지 재

以還百姓하고
이 환 백 성

留有餘不盡之福하여
유 유 여 부 진 지 복

以還子孫이니라
이 환 자 손

《 풀이 》

왕참정 「사류명」에 이르기를 "여유를 두어 재주를 다 쓰지 않았다가 조물주에 돌려 주고, 여유를 두어 복록을 다 사용하지 않았다가 조정에 돌려 주며, 여유를 두어 재물을 다 소비하지 않았다가 백성에게 돌려 주며, 여유를 두어 복을 다 향락하지 않았다가 자손들에게 돌려 주어야 한다"고 하였다.

《 새김 》

매사에 좀 여유를 두어야 한다. 너무 팽팽하게 당겨진 활시위는 끊어지는 법이다. 가득 차서 넘치게 하지 않는 것이 좋고, 또 여유를 두는 상태가 가장 좋은 것이라는 뜻.

《 한문공부 》

- 參 참여할 참(厶부 9획)
  參考人(참고인) : 범죄 수사를 위하여 수사기관에서 조사를 받는 사람 가운데 피의자 이외의 사람.
- 巧 재주 교(工부 2획)
  巧拙(교졸) : 교모함과 졸렬함.
- 有 있을 유(月부 2획)
  有終(유종) : 일을 최후까지 완수함.
△ 四留銘(사류명) : 네 가지 남겨 둠에 대한 銘文(명문).
△ 留(류) : 남겨 두다.

王參政(왕참정) 北宋(북송) 眞宗(진종) 때의 정치가. 이름은 旦(단)이며, 참정은 벼슬 이름이다.

* 34 *

> 有福莫享盡하라 福盡身貧窮이요
> 유 복 막 향 진   복 진 신 빈 궁
> 有勢莫使盡하라 勢盡寃相逢이니라
> 유 세 막 사 진   세 진 원 상 봉
> 福兮常自惜하고 勢兮常自恭하라
> 복 혜 상 자 석   세 혜 상 자 공
> 人生驕與侈는   有始多無終이니라
> 인 생 교 여 치   유 시 다 무 종

《 풀이 》

복이 있다고 해서 모두 다 누리지 말라. 복이 다하면 몸이 빈궁해진다. 권세가 있다고 함부로 부리지 말라. 권세가 다하면 원수가 서로 만나게 되는 것이다. 복이 있으면 항상 스스로 아끼고, 권세가 있으면 항상 몸소 삼가라. 인생에 있어서 교만함과 사치함은 시작은 있으나 끝이 없음이 많을 것이다.

《 새김 》

복록과 재화가 찾아올수록 근신하고 자중하고 수양해서 덕을 양성해야 한다는 뜻.

《 한문공부 》

- 窮 궁할 궁(穴부 10획)   窮地(궁지) : ① 벽지. ② 곤궁한 처지.
- 驕 교만할 교(馬부 12획) 驕慢(교만) : 뽐내며 건방짐.
- 侈 사치할 치(亻부 6획)

　　奢侈(사치) : 분수에 넘치게 호화롭게 지냄.

△ 莫享盡(막향진) : 다 누리지 말라.

△ 莫使盡(막사진) : 다 부리지 말라.

△ 多無終(다무종) : 나중이 없는 것이 많다.

※ 35 ※

黃金千兩이 **未爲貴**요
황금천량   미위귀
得人一語가 **勝千金**이니라
득인일어   승천금

《 풀이 》

황금 천냥이 귀한 것이 아니라, 다른 사람의 좋은 말 한 마디를 듣는 것이 천금보다 더 가치가 있다.

《 새김 》

재물은 언제 어느 순간 없어질지 알 수 없으나, 훌륭한 말 한마디에 감화된 덕은 영원히 내 것이 된다는 뜻.

《 한문공부 》

- 黃 누를 황(黃부 0획)
  黃昏(황혼) : 해가 져 어둑어둑할 무렵.
- 貴 귀할 귀(貝부 5획)
  貴夫人(귀부인) : 신분이 높은 부인.
- 勝 이길 승(力부 10획)
  勝訴(승소) : 소송에 이김 ↔ 敗訴(패소)

△ 未爲貴(미위귀) : 귀함이 미흡하다. 귀하지 않다.
△ 勝千金(승천금) : 천금을 이기다. 천금보다 낫다.

* 36 *

巧者는 拙之奴요
교자   졸지노
苦者는 樂之母니라
고자   낙지모

《 풀이 》

재주있는 것은 재주없는 것의 노예가 되고, 고생하는 것은 즐거움의 근본이 되는 것이다.

《 새김 》

재주있는 사람은 수고를 해야 하는 법이고, 고생은 즐거움의 모체가 되는 것이다.

《 한문공부 》

- 拙 옹졸할 졸(扌부 5획)
  拙稿(졸고) : ① 졸렬하게 쓴 원고. ② 자기가 쓴 원고의 겸칭.
- 奴 종 노(女부 2획)
  奴隷(노예) : 종. 종신토록 주인에게 예속된 하인.
- 樂 즐거울 락(木부 11획)
  樂園(낙원) : 안락한 곳.

△ 巧者(교자) : 재주있는 것.
△ 苦者(고자) : 고생하는 것.
△ 母(모) : 모체. 근본.

※ 37 ※

小船은 難堪重載요
소 선   난 감 중 재
深逕은 不宜獨行이니라
심 경   불 의 독 행

《 풀이 》

작은 배는 무겁게 실으면 무게를 감당하지 못하고, 으슥한 길은 혼자 다니기에 마땅치 않다.

《 새김 》

지나친 욕심을 부리지 말고, 매사에 조심하는 생활태도를 취하라는 뜻.

《 한문공부 》

- 船 배 선(舟부 5획)

  船路(선로) : 뱃길.

- 難 어려울 난(隹부 11획)

  難産(난산) : 순조롭지 않은 해산 ↔ 順産(순산)

- 宜 마땅할 의(宀부 5획)

  宜當(의당) : 마땅함. 마땅히.

△ 難堪(난감) : 감당하기 어려운 것.

△ 深逕(심경) : 으슥한 길.

△ 不宜(불의) : 마땅치 않다.

※ 38 ※

黃金이 **未是貴**요
황 금   미 시 귀

安樂이 **値錢多**니라
안 락   치 전 다

《 풀이 》

황금이 귀한 것이 아니라, 편안하고 즐거운 것이 보다 더 값진 것이다.

《 새김 》

삶에 있어서 가치있는 것은 재산이 아니라, 오히려 몸이 편안하고 즐거운 생활이라는 것을 강조한 글.

《 한문공부 》

- 未 아닐 미(木부 1획)

  未滿(미만) : 정한 수효나 정도에 차지 못함.
- 値 값 치(亻부 8획)

  價値(가치) : 물건의 값어치.

△ 未是貴(미시귀) : 귀하지 않다.

△ 値錢(치전) : 값을 말함.

* 39 *

在家에 不會邀賓客이면
재가 불회요빈객
出外에 方知少主人이니라
출외 방지소주인

《 풀이 》

자기 집에 손님을 맞아 대접할 줄 모르면, 밖에 나가 남의 집을 방문했을 때 바야흐로 나를 (빈객으로 맞이할) 주인이 적음을 알게 된다.

《 새김 》

손님은 정중히 맞이하고 대접하여 주인으로서 예의를 갖추어야 한다는 뜻.

《 한문공부 》

- 邀 맞을 요(辵[辶]부 13획)

  邀擊(요격) : 적을 기다리다가 침.

- 方 모 방, 바야흐로 방(方부 0획)

  方途(방도) : 방법.

△ 邀(요) : 맞이하다.

△ 方(방) : 바야흐로.

△ 少主人(소주인) : 나를 빈객으로 맞이해 줄 주인이 적음.

＊ 40 ＊

貧居이면　鬧市無相識이요
　빈거　　　　 뇨 시 무 상 식

富住이면　深山有遠親이니라
　부주　　　　 심 산 유 원 친

《 풀이 》

가난하게 살면 번화한 시장거리에 살고 있어도 서로 아는 사람이 없고, 넉넉하게 살면 산골에 살아도 먼 친척이 찾아온다.

《 새김 》

인심의 야박함이 얼마나 철저한가를 강조한 글임.

《 한문공부 》

- 鬧 시끄러울 뇨(門부 5획)
  鬧市(요시) : 시끄럽고 어지러운 시장.
- 市 시장 시(巾부 2획)
  市況(시황) : 거리의 경치(景致).
△ 貧居(빈거) : 가난하게 살다.

* 41 *

人義는 盡從貧處斷이요
인 의   진 종 빈 처 단
世情은 便向有錢家니라
세 정   변 향 유 전 가

《 풀이 》

사람의 의리는 다 가난에서 끊어지고, 세상의 인정은 곧 돈 있는 집으로 쏠린다.

《 새김 》

앞장과 같은 뜻을 담은 글이다. 돈있는 사람만을 가까이 하려고 하는 참으로 박정한 인심을 꾸짖는 글이다.

《 한문공부 》

- 義 의로울 의(羊부 7획)
  義捐金(의연금) : 자선과 공익을 위하여 기부하는 돈.
- 從 좇을 종(亻부 8획)
  從氏(종씨) : 남을 높이어 그의 사촌형제를 이르는 말.
- 世 인간 세(一부 4획)
  世論(세론) : 세상 사람들의 주장, 의견.

△ 人義(인의) : 사람의 의리.
△ 從(종) : 따르다. 좇다.

※ 42 ※

寧塞無底缸이언정 難塞鼻下橫이니라
영 색 무 저 항　　　　난 색 비 하 횡

《 풀이 》

차라리 밑빠진 항아리는 막을지언정 코 밑에 가로놓인 입은 막기가 지극히 어렵다.

《 새김 》

먹지 않고서는 살아갈 수 없음을 밑빠진 독에 비유해 강조한 글.

《 한문공부 》

- 寧 안녕, 차라리 녕(宀부 11획)
  寧親(영친) : 어버이를 안심시킴.
- 塞 막을 색(宀부 10획)
  塞源(색원) : 근원을 막음.
- 橫 빗길 횡(木부 12획)
  橫斷(횡단) : 가로 끊음 ↔ 縱斷(종단)

△ 寧(녕) : 차라리 ~하다.
△ 塞(색) : 막는다.
△ 無底缸(무저항) : 밑빠진 항아리.
△ 鼻下橫(비하횡) : 코아래 가로놓인 입.

* 43 *

人情은 皆爲窘中疎니라
인정 개위군중소

《 풀이 》

사람의 정은 다 궁색한 가운데서 멀어지게 된다.

《 새김 》

서양 격언에 "가난이 집안으로 들어오면 가짜 우정은 서둘러 창 밖으로 도망간다"는 말이 있듯이, 가난하게 되면 자연히 우정이 멀어진다는 뜻.

《 한문공부 》

- 情 뜻 정(心〔忄〕부 8획)
  情報(정보) : 실정의 보고. 또는 그 내용이나 자료.
- 窘 군색할 군(穴부 7획)
  窘乏(군핍) : 곤궁함. 가난함.
- 疎〔疏〕성길 소(疋부 7획)
  疎通(소통) : ① 막히지 않고 트임. ② 뜻이 서로 통함.
- △ 窘(군) : 窘塞(군색).

* 44 *

史記에 曰
사기 왈
郊天禮廟는 非酒不享이요
교 천 예 묘   비 주 불 향
君臣朋友는 非酒不義요
군 신 붕 우   비 주 불 의
鬪爭相和는 非酒不勸이라
투 쟁 상 화   비 주 불 권
故로 酒有成敗而不可泛飮之니라
고   주 유 성 패 이 불 가 범 음 지

【 풀이 】

『사기』에 이르기를 "하늘에 제사 지내고 사당에 제사를 올리는 데는 술이 아니면 제물을 받지 않을 것이며, 임금과 신하, 친구 사이에도 술이 아니면 그 의리가 돈독해지지 않을 것이요, 싸움을 한 후 서로 화해하는 데도 술이 아니면 권유하지 못할 것이다. 그래서 술은 성공과 실패가 있으니, 이를 마시되 함부로 음주해서는 안되며, 조심해서 마셔야 한다."

【 새김 】

인간생활에 있어서 술의 역할은 크다. 그러나 술 때문에 큰 실수를 저지르는 수도 많다. 그러므로 술을 함부로 마시는 일이 없어야 한다. 다시 말해서 술은 필요할 때 적당히 마셔야 한다는 뜻이다.

《 한문공부 》

- 郊 들 교(邑[阝]부 6획)

  郊外(교외) : 도회지에 인접한 지대.

- 朋 벗 붕(月부 4획)

  朋友(붕우) : 친구

- 泛 뜰, 엎칠 범(氵부 5획)

  泛濫(범람) : 물이 널리 넘쳐 흐름.

△ 郊(교) : 郊祀(교사)를 뜻함. 하늘과 땅에 지내는 제사.

△ 享(향) : 귀신이 흠향하다.

△ 泛飮之(범음지) : 함부로 그것을 마시다.

史記(사기) 중국 漢(한)나라의 司馬遷(사마천)이 黃帝(황제)로부터 漢武帝(한무제)까지의 역대 왕조의 史跡(사적)을 紀傳體(기전체)로 적은 역사책. 130권. 재래의 전설이나 기록 외에 널리 여행하여 史料(사료)를 수집해서 만든 책으로, 史書(사서)로서뿐만 아니라 문학적으로도 높이 평가받고 있다.

* 45 *

子曰　士志於道而恥惡衣惡食者는
자왈　사 지 어 도 이 치 악 의 악 식 자

未足與議也이니라
미 족 여 의 야

《 풀이 》

공자가 말씀하기를 "선비가 도에 뜻을 두면서 잘 입지 못하고 잘 먹지 못하는 것을 부끄러워하는 사람은 서로 더불어 의논할 사람이 못된다"고 하였다.

《 새김 》

좋은 옷과 좋은 음식을 입고 먹지 못하는 것을 부끄러워하는 정도의 사람이라면 같이 도를 이야기할 처지가 못된다. 그런 사람과는 사귀지 말아야 한다는 뜻이다.

《 한문공부 》

- 志 뜻 지(心부 3획)

  志向(지향) : 뜻하여 향하는 곳.
- 恥 부끄러울 치(心부 6획)

  恥部(치부) : 남에게 보이게 되면 부끄러운 곳. 국부.
- 議 의논할 의(言부 13획)

  議題(의제) : 논의할 문제.

△ 志於道(지어도) : 도에 뜻을 두다.
△ 而(이) : 순접, 역접의 접속사. 여기서는 순접의 접속사(~면서).
△ 惡衣惡食(악의악식) : 천한 옷과 음식.

46

荀子曰
순자왈
士有妬友면 則賢交不親하고
사유투우 즉현교불친
君有妬臣이면 則賢人不至니라
군유투신 즉현인부지

《 풀이 》

순자가 말씀하기를 "선비가 친구를 질투하는 일이 있으면 어진 친구와 친할 수 없고, 임금이 신하를 질투하는 일이 있으면 현명한 신하가 모여 들지 않는다"고 하였다.

《 새김 》

누구나 질투하고 시기하는 마음이 있으면 안된다는 것을 강조한 글임.

《 한문공부 》

- 妬 질투할 투(女부 5획)
  妬忌(투기) : 질투. 강새암.
- 交 교제할 교(亠부 4획)
  交易(교역) : 물물교환. 去來(거래)
- 臣 신하 신(臣부 0획)
  臣下(신하) : 임금을 섬기는 벼슬아치.
△ 賢交不親(현교불친) : 어진 사람과 교제하여 친할 수 없음.
△ 不至(부지) : 오지 않다. 이르지 않다.

제 11 편 성심(省心)上 _ 195

* 47 *

天不生無祿之人하고
천 불 생 무 록 지 인
地不長無名之草이니라
지 부 장 무 명 지 초

《 풀이 》

하늘은 먹을 복이 없는 사람을 내지 않고, 땅은 이름없는 풀을 기르지 않는다.

《 새김 》

하늘이 세상에 사람을 낼 때 이미 먹을 것을 준비해 두었으니 걱정하지 말라는 뜻.

《 한문공부 》

- 祿 복 록(示〔礻〕부 8획)

  祿米(녹미) : 녹봉으로 받는 쌀.

- 無 없을 무(火〔灬〕부 8획)

  無故(무고) : ① 까닭이 없음. ② 탈 없음. 무사함.

△ 無祿(무록) : 녹이 없는 것.

△ 不長(부장) : 기르지 않다.

* 48 *

大富는 由天하고 小富는 由勤이니라
대 부   유 천   소 부   유 근

【 풀이 】

큰 부자는 하늘에서 주신 운명에 달려 있고, 작은 부자는 부지런한 데 달려 있다.

【 새김 】

큰 부자가 되는 것은 운명으로 정해져 있고, 작은 부자는 얼마나 근면히 힘쓰는가에 달려 있으니 부디 부지런하라는 뜻.

【 한문공부 】

- 富 부자 부(宀부 9획)

  富裕(부유) : 재산이 많아 살림이 넉넉함.

- 勤 부지런할 근(力부 11획)

  勤儉(근검) : 부지런하게 일하고, 검소하게 지내며 절약함.

△ 由天(유천) : 하늘에 달려 있다.

△ 由勤(유근) : 부지런함에 달려 있다.

제 11 편 성심(省心)上 _ 197

＊ 49 ＊

成家之兒는 惜糞如金하고
성 가 지 아   석 분 여 금
敗家之兒는 用金如糞이니라
패 가 지 아   용 금 여 분

〖 풀이 〗

가정을 흥하게 하는 아이는 똥을 아끼기를 금같이 아끼고, 가정을 망하게 할 아이는 돈쓰기를 똥과 같이 여긴다.

〖 새김 〗

어릴 때부터 절약하는 정신이 몸에 배게 훈련시키라는 교훈의 글이다. 옛날 인분(人糞)을 유일한 비료로 사용하던 때의 말로서, 농사를 잘 지어서 가정을 일으킬 수 있다는 것을 표현한 글.

〖 한문공부 〗

- 惜 아낄 석(心〔忄〕부 8획)
  惜敗(석패) : 아깝게 짐.
- 敗 패할 패(攴〔攵〕부 7획)
  敗北(패배) : 싸움에 짐. 싸움에 져 도망감.
- 如 같을 여(女부 3획)
  如前(여전) : 전과 다름이 없음.
△ 成家(성가) : 집안을 이룩하다.
△ 敗家(패가) : 집안을 망치다.
△ 用金(용금) : 돈을 쓰는 방법.

50

康節(강절) 邵先生(소선생) 曰(왈) 閑居(한거)에 愼勿(신물)
說無妨(설무방)하라 纔說無妨便有妨(재설무방변유방)이니라
爽口勿多終作疾(상구물다종작질)이요 快心事過(쾌심사과)
必有殃(필유앙)이라 與其病後能服藥(여기병후능복약)으론
不若病前能自防(불약병전능자방)이니라

《 풀이 》

강절 소선생이 말씀하기를 "편안하고 한가롭게 살 때 걱정거리가 없다고 말하지 마라. 겨우 걱정할 것이 없다는 말이 입에서 나오자 문득 걱정거리가 생긴다. 입에 맞는 상쾌한 음식이라고 해서 많이 먹으면 병을 생기게 하는 것이요, 마음에 기쁜 일이라고 해도 지나치게 좋아하면 반드시 재앙이 있으리라. 병이 난 후 약을 먹는 것보다는 병이 나기 전에 스스로 조심하는 것만 같지 못하느니라" 하였다.

《 새김 》

지나친 욕심에서 벗어나 절제해야 한다는 글이다.

《 한문공부 》

• 閑 한가로울 한(門부 4획)
   閑良(한량) : 돈 잘 쓰고, 풍류로운 멋이 있는 사람.
• 愼 삼갈 신(心〔忄〕부 10획)
   愼重(신중) : 삼가서 경솔하지 않음.
• 妨 방해할 방(女부 4획)   無妨(무방) : 방해가 되지 않음.

* 51 *

梓潼帝君垂訓에 曰
妙藥이 難醫寃債病이요
橫財는 不富命窮人이라
生事事生을 君莫怨하고
害人人害를 汝休嗔하라
天地自然이 皆有報하니
遠在兒孫하고 近在身이니라

《 풀이 》

자동제군께서 훈계를 내려 말씀하기를 "신묘한 약일지라도 원한의 병은 고치기가 어렵고, 뜻밖에 생기는 재물도 운수가 나쁜 사람은 부자가 되게 할 수 없다. 일을 발생하게 하고나서 일이 생기는 것을 원망하지 말고, 남을 해치고 나서 남이 나를 해롭게 하는 것을 너무 꾸짖지 마라. 천지간에 모든 일은 다 갚음이 있으니, 그것이 멀면 자손에게 있고 가까우면 자기 몸에 있다"고 하였다.

《 새김 》

하늘과 땅 사이의 모든 일에는 因果應報(인과응보)가 있다는 것을 인식해야 한다는 글이다.

《 한문공부 》

- 冤 원할 원(冖부 9획)
  冤痛(원통) : 분하고 억울함.
- 醫 의원. 병고칠 의(酉부 11획)
  醫術(의술) : 병을 고치는 기술.
- 怨 원망할 원(心부 5획)
  怨聲(원성) : 원망하는 소리.
- 報 갚을 보(土부 9획)
  報答(보답) : 남의 은혜를 갚음.

△ 冤債病(원채병) : 원한으로 생긴 병.

△ 休(휴) : ~말라. 莫과 같은 뜻으로 쓰임.

△ 休嗔(휴진) : 성내지 말라는 뜻.

梓潼帝君(재동제군) 道家(도가)에서 받들어 모시는 신. 사람의 祿籍(녹적)이나 文章(문장)을 맡았다고 한다. 과거가 있는 해같은 때에는 특히 수험자들이 이 신에게 빌었다.

52

花落花開開又落하고
錦衣布衣更換着이라
豪家未必常富貴요
貧家未必長寂寞이라
扶人未必上靑霄요
推人未必塡邱壑이라
勸君凡事를 莫怨天하라
天意於人에 無厚薄이니라

《 풀이 》

꽃은 지었다 피고 피었다 또 진다. 비단옷도 다시 베옷으로 바꿔 입느니라. 넉넉하고 호화찬란한 집이라고 해서 반드시 언제까지나 부귀한 것이 아니요, 가난한 집도 반드시 오래 적적하고 쓸쓸하기만 않다. 사람을 붙잡고 밀어 올려도 반드시 하늘에 올라가지 못할 것이요, 사람을 밀어도 반드시 깊은 구렁에 떨어지지 않는 것이다. 그대에게 권고하니, 모든 일에 하늘을 원망하지 마라. 하늘의 뜻은 본래 사람에게 후하고 박함이 없느니라.

《 새김 》

인생이란 언제나 변전을 거듭하는 무상한 것이다. 다만 무지한 사람이 그 뜻을 거스르고 자기가 조금 불행해지면 불만을 표시하니, 어리석을 뿐이라는 글이다.

《 한문공부 》

- 錦 비단 금(金부 8획)
  錦上添花(금상첨화) : 비단에 꽃을 더함. 좋은 일에 또 좋은 일이 겹침.
- 豪 호걸 호(豕부 7획)
  豪傑(호걸) : 재덕이 뛰어난 사람.
- 塡 메울 전(土부 9획)
  塡充(전충) : 빈곳을 채워서 메움.
- 勸 권할 권(力부 18획)
  勸告(권고) : 권하고 충고함.

△ 換着(환착) : 옷을 갈아 입는 것.
△ 未必(미필) : 반드시 ~하지 않는다.
△ 扶人(부인) : 사람을 붙잡아 올리는 것.
△ 邱壑(구학) : 깊은 골짜기. 또는 구렁텅이.

＊ 53 ＊

堪歎人心毒似蛇라
감탄인심독사사

誰知天眼轉如車요
수지천안전여차

去年妄取東隣物터니
거년망취동인물

今日還歸北舍家라
금일환귀북사가

無義錢財湯發雪이요
무의전재탕발설

儻來田地水推沙니라
당래전지수추사

若將狡譎爲生計면
약장교휼위생계

恰似朝雲暮落花라
흡사조운모락화

《 풀이 》

인간의 심정이 독하기가 뱀같음을 한탄하여 마지 않는다. 누가 하늘에서 보는 눈이 수레바퀴처럼 돌아가고 있음을 알 것이요, 지나간 해에 망령되게 동녘 이웃의 물건을 탐내어 가져 왔더니 오늘에는 어느덧 북녘 집으로 돌아 갔구나.

의롭지 않게 취한 돈과 재산은 끓는 물에서 녹는 눈과 같이 형태가 없어질 것이요, 뜻밖에 얻어진 전답은 물에 밀려온 모래이니라. 만약 간사한 꾀로서 생활하는 방법을 삼는다면, 그것은 흡사 아침에 떠오르는 구름이나 저녁에 시들어지는 꽃과 같이 오래 생명을 유지하지 못하는 것이다.

《 새김 》

의롭지 않게 얻은 재물은 뜬구름과 같으며, 간교한 속임수로 생활하려는 태도는 얼마나 어리석은 행동인지 깊이 깨달아야 할 것이다. 정도를 벗어나면 모든 것이 온전하게 보전될 수 없다는 뜻.

《 한문공부 》

- 堪 견딜 감 (土부 9획)
  堪耐(감내) : 참고 견딤.
- 歎 한탄할 탄 (欠부 11획)
  歎願(탄원) : 사정을 말하여 도와 주기를 애타게 바람.
- 狡 간교할 교 (犭부 6획)
  狡猾(교활) : 간사한 꾀가 많음.

△ 堪歎(감탄) : 한탄을 참을 수 없다.
△ 天眼(천안) : 하늘이 내려다 보는 눈.
△ 湯發雪(탕발설) : 끓는 물에 뿌려진 눈.
△ 儻來(당래) : 뜻밖에 얻게 됨.
△ 狡譎(교휼) : 교활하게 속이는 것.

54

無藥可醫卿相壽요
무 약 가 의 경 상 수
有錢難買子孫賢이니라
유 전 난 매 자 손 현

《 풀이 》

아무리 좋은 약이라도 가히 재상과 같은 귀한 목숨도 고칠 수 없고, 아무리 돈의 힘이 크다 해도 자손의 현명함을 사지 못한다.

《 새김 》

권세와 영화도 죽음 앞에서는 무력할 뿐이고, 아무리 돈이 많아도 어진 것을 사서 자손들 머리 속에 넣어 줄 수는 없다는 뜻이다.

《 한문공부 》

- 卿 벼슬 경(卩부 10획)
  卿宰(경재) : 임금을 보필하여 정치하는 대신(大臣).
- 相 재상 상(木부 5획)
  出將入相(출장입상) : (나아가서는 장수요, 들어와서는 재상이라는 뜻으로) 문무겸전하여 장상의 벼슬을 두루 지냄을 이르는 말.
- 壽 목숨 수(士부 11획)
  壽命(수명) : 생물이 살아 있는 연한.
- 買 살 매(貝부 5획)
  買收(매수) : ① 사들임. ② 남의 마음을 사서 자기 편으로 삼음.
- △ 可醫(가의) : 고칠 수 있다.
- △ 難買(난매) : 사기 어렵다.

* 55 *

一日淸閑이면　一日仙이니라
일 일 청 한　　일 일 선

《 풀이 》

하루라도 마음이 깨끗하고 한가하다면 그 하루는 신선생활같다.

《 새김 》

우리가 사는 세상을 흔히 苦海(고해)라고 하는데, 이런 삶에서 단 하루라도 마음이 맑고 한가로울 수 있다면 그날은 신선과 같다는 뜻이다.

《 한문공부 》

- 淸 맑을 청(氵부 8획)

  淸白吏(청백리) : 청렴결백한 관리.

- 仙 신선 선(亻부 3획)

  仙風道骨(선풍도골) : 뛰어나게 고상한 풍채를 이름.

△ 淸閑(청한) : 마음이 깨끗하고 한가한 것.

△ 仙(선) : 神仙(신선).

정본 명심보감
明心寶鑑

제 12 편

省心

항상 마음을 성찰하라는 가르침

* 1 *

眞宗皇帝御製에 曰
진종황제어제 왈

知危識險이면 終無羅網之門이요
지위식험 종무나망지문

擧善薦賢이면 自有安身之路라
거선천현 자유안신지로

施仁布德은 乃世代之榮昌이요
시인포덕 내세대지영창

懷妬報寃은 與子孫之爲患이라
회투보원 여자손지위환

損人利己면 終無顯達雲仍이요
손인이기 종무현달운잉

害衆成家면 豈有長久富貴리오
해중성가 기유장구부귀

改名異體는 皆因巧語而生이요
개명이체 개인교어이생

禍起傷身은 皆是不仁之召니라
화기상신 개시불인지소

【 풀이 】

진종황제 어제에 이르기를 "위태함을 알고 험한 사실을 알면 끝까지 그물에 걸리는 일이 없을 것이요, 선한 이를 받들고 어진 사람을 천거하면 자연히 몸이 편안한 길이 열리고, 인을 베풀고 덕을 펴는 것은 곧 자손 대대로 번영을 가져올 것이다.

질투하는 마음을 품고, 원한에 대해 보복하는 것은 자손에게 근심과 걱정을 끼쳐 주는 것이요, 남을 해롭게 해서 자기의 이익을 도모한다면, 마침내 영화를 누릴 자손이 없고, 여러 사람을 해롭게 해서 가정을 이룬다면 어찌 그 부귀가 오래 가겠는가.
이름을 갈고 몸을 달리함은 모두 교묘한 말로 말미암아 생겨나고, 재앙이 일어나고 몸에 상처를 입게 됨은 다 현명하지 못하니까 불러들이는 것이다"고 하였다.

《 새김 》
남에게 인(仁)과 덕(德)을 베푼다면 자손 대대로 영화를 누리게 될 것이다.

《 한문공부 》
- 眞 참 진(目부 5획)
  眞面目(진면목) : 참모습. 참내용.
- 危 위태로울 위(⺆〔㔾〕부 14획)
  危險(위험) : 위태하고 험함. 또는 안전하지 못함.
- 懷 품을 회(心〔忄〕부 16획)
  懷柔(회유) : 어루만져 잘 달램.
- 與 줄 여(臼부 6획)
  與件(여건) : 주어진 조건.
△ 御製(어제) : 임금이 지은 詩文(시문).
△ 雲仍(운잉) : 〔雲孫(운손)과 仍孫(잉손)이라는 뜻으로〕 대수가 먼 자손을 이르는 말.
△ 豈有(기유) : 어찌 ~이 있겠는가.
△ 皆是(개시) : 모두 ~이다.

眞宗皇帝(진종황제) 968~1022. 중국 北宋(북송)의 제3대 황제. 澶州(전주)에서 金(금)나라와 맹약을 맺어 전쟁을 종식시켰다. 그리하여 이후 송나라는 문물이 크게 번창하였다.

2

神宗皇帝御製에 曰
신종황제어제 왈

遠非道之財하고 戒過度之酒하며
원비도지재 계과도지주

居必擇隣하고 交必擇友하며
거필택린 교필택우

嫉妬를 勿起於心하고
질투 물기어심

讒言을 勿宣於口하며
참언 물선어구

骨肉貧者를 莫疎하고
골육빈자 막소

他人富者를 莫厚하며
타인부자 막후

克己는 以勤儉爲先하고
극기 이근검위선

愛衆은 以謙和爲首하며
애중 이겸화위수

常思己往之非하고
상사기왕지비

每念未來之咎하라
매념미래지구

若依朕之斯言이면
약의짐지사언

治國家而可久니라
치국가이가구

《 풀이 》

신종황제 어제에 이르기를 "도가 아닌 재물은 멀리 하고, 과음을 경계하며, 거주함에 반드시 이웃을 가리고, 사귐에 반드시 친구를 가려 택하며, 남을 시기하는 마음을 일으키지 말고, 남을 헐뜯어 말하지 말며, 형제간의 가난한 자를 소홀히 하지 말고, 부유한 자에게 아첨하지 말고, 자기의 사욕을 극복하는 것은 부지런하고 절약하는 생활이 먼저이고, 사람을 사랑하되 겸손하고 화목을 첫째로 삼을 것이며, 언제나 지나간 날의 잘못한 점을 생각하고, 또 앞날의 허물을 생각하라. 만약 나의 이 말에 따른다면 나라와 집안을 다스림이 가히 오래 갈 것이다"고 하였다.

《 새김 》

재물과 술에 대한 절제의 교훈이며, 사사로운 욕망을 버리고 사랑과 화목으로 지내면 나라와 집안이 잘 다스려진다는 뜻이다.

《 한문공부 》

- 戒 경계 계(戈부 3획)

  戒嚴(계엄) : 비상시에 군대로써 치안을 유지하는 일.

- 擇 가릴 택(手〔扌〕부 13획)　　擇日(택일) : 좋은 날을 가림.

- 治 다스릴 치(氵부 5획)

  治安(치안) : 세상이 편안하도록 다스리는 일.

△ 莫疏(막소) : 소홀이 하지 말라.

△ 以 ~ 爲 ~ : ~를 ~로 삼다.

　以勤儉爲先(이근검위선) : 근검을 우선으로 삼다.

△ 謙和(겸화) : 겸손하고 화목함.

△ 咎(구) : 허물.

神宗皇帝(신종황제) 1048~85. 北宋(북송)의 제6대 황제. 王安石(왕안석)을 등용하여 新法(신법)을 채택, 부국강병책을 꾀하였으나 내우외환으로 실패했다.

* 3 *

高宗皇帝御製에 曰
고 종 황 제 어 제   왈

一星之火도 能燒萬頃之薪하고
일 성 지 화   능 소 만 경 지 신

半句非言도 誤損平生之德이라
반 구 비 언   오 손 평 생 지 덕

身被一縷나 常思織女之勞하고
신 피 일 루   상 사 직 녀 지 로

日食三飧이나 每念農夫之苦하라
일 식 삼 손   매 념 농 부 지 고

苟貪妬損은 終無十載安康하고
구 탐 투 손   종 무 십 재 안 강

積善存仁이면 必有榮華後裔리라
적 선 존 인   필 유 영 화 후 예

福緣善慶은 多因積行而生이요
복 연 선 경   다 인 적 행 이 생

入聖超凡은 盡是眞實而得이니라
입 성 초 범   진 시 진 실 이 득

《 풀이 》

고종황제 어제에 말씀하기를 "한 점의 불티도 쉽게 만경의 숲을 태우고, 짧은 반 마디 그릇된 말이 평생의 덕을 허물어 뜨린다. 몸에 한 오라기의 실을 걸쳤어도 항상 베짜는 여자의 수고로움을 생각하고, 하루 세 끼니의 밥을 먹거든 농부의 힘드는 것을 생각하라. 구차하게 탐내고 시기해서 남에게 손해를 끼친다면, 마침내 10년의 편안함도 없을 것이요, 착한 일을 쌓고 인을 보존하면 반드시 후손들에게 영화가 있을 것이다. 행복과 경사는 대부분의 좋은 일을 많이 행하는 데서 생겨나고, 평범을 초월해서 성인의 경지에 들어가는 것은 다 진실함으로써 얻어지는 것이다"고 하였다.

《 새김 》
"착한 일을 실천하기를 바람의 신속함처럼 행하라"는 주자의 말처럼 진실하게 선을 행한다면 마침내 자손들에게도 복이 찾아온다는 뜻이다.

《 한문공부 》
- 製 만들 제(衣부 8획)
  製品(제품) : 물품을 만듦. 또는 만든 물건.
- 非 그릇될 비(非부 0획)
  非公式(비공식) : 공식이 아님.
- 被 입을 피(衣〔衤〕부 5획)
  被害(피해) : 신체·재물·정신상의 손해를 입는 일, 또는 그 손해.
- 貪 탐낼 탐(貝부 4획)
  貪慾(탐욕) : 탐내는 욕심.

△ 一星(일성) : 한 점.

△ 一縷(일루) : 한 오라기의 실.

△ 三飧(삼손) : 세끼 밥.

△ 終無(종무) : 마침내(끝내) ~이 없다.

<mark>高宗皇帝(고종황제)</mark>　1107~87. 중국 南宋(남송)의 초대 황제. 徽宗(휘종)의 아들. 1127년 金(금)나라의 공격으로 靖康(정강)의 난이 일어나자 임금의 자리에 올라 수도를 강남의 臨安(임안)으로 옮김. 충신 岳飛(악비)를 물리치고 秦檜(진회)를 등용하여 금나라와 굴욕적인 화약을 맺었다.

＊4＊

王良曰
왕 량 왈

欲知其君이면　先視其臣하고
욕 지 기 군　　선 시 기 신

欲識其人이면　先視其友하고
욕 식 기 인　　선 시 기 우

欲知其父면　　先視其子하라
욕 지 기 부　　선 시 기 자

君聖臣忠하고　父慈子孝이니라
군 성 신 충　　부 자 자 효

《 풀이 》

왕량이 말씀하기를 "그 임금을 어떤 인물인가 알려고 한다면 먼저 그 신하를 자세히 보고, 그 사람을 알려고 한다면 먼저 그 벗을 자세히 보고, 그 아비를 알려고 한다면 먼저 그 자식을 자세히 보라. 임금이 성스러우면 그 신하가 충성스럽고, 아비가 인자하면 자식이 효도한다"고 하였다.

《 새김 》

임금이 위대하고 아비가 아비답다면 그 신하나 자식도 자연 충성스럽고 효도를 다한다는 뜻이다.

《 한문공부 》

- 良 어질 량(艮부 1획)　　良心(양심) : 사람의 본마음.
- 知 알 지(矢부 3획)　　知識(지식) : ① 알고 있는 내용.
　　　　　　　　　　　　　　　　　② 사물의 이치를 판별하여 앎.
- 慈 사랑 자(心부 9획)　　慈悲(자비) : 크게 사랑하고 가엽게 여김.
△ 君聖臣忠(군성신충) : 임금이 거룩하면 신하가 충성을 다한다.

王良(왕량) 중국 春秋時代(춘추시대) 晉(진)나라 사람.

※ 5 ※

家語에 云 水至淸則無魚하고
가 어   운 수 지 청 즉 무 어
人至察則無徒니라
인 지 찰 즉 무 도

【 풀이 】

『가어』에 이르기를 "물이 지극히 맑으면 고기가 살지 않으며, 사람도 지극히 따지고 살피면 친구가 없다"고 하였다.

【 새김 】

사람이 이 세상을 살아 가는데 지나치게 선을 긋고 시비를 가리려고 하면 좋은 벗을 사귈 수 없다는 뜻이다.

【 한문공부 】

- 至 지극할 지(至부 0획)
  至難(지난) : 썩 어려움.
- 察 살필 찰(宀부 11획)
  察知(찰지) : 살펴서 앎.
- 徒 무리 도(彳부 7획)
  學徒(학도) : 학생.
  △ 徒(도) : 무리, 친구.

家語(가어) 『孔子家語(공자가어)』를 말한다. 공자의 말과 행동 및 그 제자와의 문답을 적은 책. 처음에 27권이었으나 그후 흩어져 없어지고, 위나라 王肅(왕숙)이 주를 붙여 10권 48편으로 만들었다. 왕숙의 위작이라는 설도 있다.

제 12 편 성심(省心)下 _ 217

* 6 *

許敬宗   曰   春雨如膏나 行人은
허 경 종   왈   춘 우 여 고   행 인
惡其泥濘하고 秋月이 揚輝나
오 기 니 녕   추 월   양 휘
盜者는 憎其照鑑이니라
도 자   증 기 조 감

《 풀이 》

허경종이 말씀하기를 "봄비는 기름과 같으나 길을 걷는 사람은 그 질 퍽질퍽한 진창을 싫어하고, 가을의 달빛은 밝게 환히 사방을 비치나 도둑은 그 밝게 비치는 것을 싫어한다"고 하였다.

《 새김 》

자신의 속셈만을 따지는 인간의 이기심을 극명하게 표현한 글.

《 한문공부 》

- 敬 공경 경(攴〔攵〕부 9획)
  敬老(경로) : 노인을 공경함.
- 泥 진흙 니(氵부 5획)
  泥土(이토) : 진흙.
- 揚 올릴 양(手〔扌〕부 9획)
  揚水(양수) : 물을 자아 올림.
- △ 膏(고) : 기름. 여기서는 '기름지다'의 뜻.
- △ 泥濘(이녕) : 진창.
- △ 照鑑(조감) : 환하게 비치다.

許敬宗(허경종) 중국 唐(당)나라 때의 정치가. 자는 延族(연족).

* 7 *

> 景行錄에 云 大丈夫는
> 경행록 운 대장부
> 見善明 故로 重名節於泰山하고
> 견선명 고   중명절어태산
> 用心精 故로 輕死生於鴻毛니라
> 용심정 고   경사생어홍모

《 풀이 》

『경행록』에 이르기를 "대장부는 착한 것을 보는 것이 밝으므로 명분과 절의를 태산보다 중하게 여기고, 마음씀이 깨끗하므로 삶과 죽음을 기러기 털보다 더 가볍게 여긴다"고 하였다.

《 새김 》

군자는 선을 숭상하고, 정도와 명분과 절의를 태산보다 더 소중히 여겨야 한다는 뜻.

《 한문공부 》

- 節 계절 절(竹부 9획)　　　節米(절미) : 쌀을 절약함.
- 泰 클 태(水부 5획)
  泰然(태연) : 흔들리지 아니하고 굳건한 모양.
- 毛 털 모(毛부 0획)　　　毛皮(모피) : 털가죽.

△ 故(고) : 그러므로.
△ 重(중)과 輕(경)은 타동사로서 각각 '중히 여기다' '가벼이 여기다' 의 뜻.
△ 名節(명절) : 명분과 절의(節義).
△ 用心精(용심정) : 마음씀이 깨끗한 것.
△ 於(어) : ~보다(비교격).

8

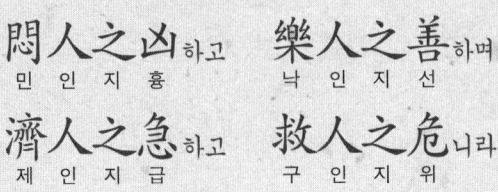
悶人之凶하고 樂人之善하며
민 인 지 흉   낙 인 지 선
濟人之急하고 救人之危니라
제 인 지 급   구 인 지 위

《 풀이 》

타인의 흉한 것을 번민하고, 타인의 착한 것을 즐겁게 여기며, 타인의 위급한 것을 구제하고, 타인의 위태함을 구해내야 한다.

《 새김 》

참된 인간이란 남의 위급함을 도와줄 줄 알아야 한다는 뜻.

《 한문공부 》

- 悶 민망할 민(心부 8획)
  悶苦(민고) : 번민하여 괴롭다.
- 凶 흉할 흉(凵부 2획)
  凶惡(흉악) : 성질이 거칠고 사나움.
- 急 급할 급(心부 5획)
  急性(급성) : 병이 갑자기 일어나거나 급하게 악화되는 성질.

△ 凶(흉) : 언짢은 것.
△ 濟(제) : 건져주다.

* 9 *

經目之事도 恐未皆眞이어늘
경 목 지 사   공 미 개 진
背後之言을 豈足深信이리오
배 후 지 언   기 족 심 신

《 풀이 》

눈으로 직접 본 일도 다 참되지 않을까 두려운데, 등 뒤에서 하는 말을 어찌 족히 깊이 믿겠는가.

《 새김 》

직접 본 일조차 참되지 않을까 의심하는데, 어찌 뒤에서 떠도는 헛된 말을 깊이 믿을 수 있겠는가라는 뜻.

《 한문공부 》

- 經 지날 경(糸부 7획)
  經過(경과) : 일을 겪은 과정.
- 恐 두려울 공(心부 6획)
  恐喝(공갈) : 무섭게 으르고 위협함.
- 背 등 배(肉[月]부 5획)
  背泳(배영) : 수영의 한가지. 송장헤엄.
- 信 믿을 신(亻부 7획)
  信憑(신빙) : 믿어서 의지함.
- △ 經目(경목) : 눈을 거쳐 간 것.
- △ 恐未(공미) : 아닐까 두렵다.
- △ 深(심) : 부사로서 '깊게'의 뜻.

✽ 10 ✽

不恨自家汲繩短하고
불 한 자 가 급 승 단
只恨他家苦井深이로다
지 한 타 가 고 정 심

《 풀이 》

자기집에 있는 두레박 줄이 짧은 것은 한탄하지 않고, 남의 집 우물이 깊은 것만 한탄한다.

《 새김 》

일이 잘못되었을 때 남을 탓하기 전에 자기의 허물이나 실수를 반성해야 한다는 뜻.

《 한문공부 》

- 恨 원한 한(忄부 6획)
  恨歎(한탄) : 원통하거나 한스러운 일이 있을 때 한숨 쉬며 하는 탄식.
- 汲 물길을 급(氵부 4획)
  汲水(급수) : 물을 길음.
- 繩 노 승(糸부 13획)
  繩索(승삭) : 새끼줄.
- 井 우물 정(二부 2획)
  井然(정연) : 구획이 반듯하게 정돈된 모양.
- △ 不恨(불한) : 한탄하지 않다.
- △ 苦井深(고정심) : 우물 깊은 것을 한탄한다.

＊ 11 ＊

贓濫(장람)이 滿天下(만천하)하되
罪拘薄福人(죄구박복인)이니라

《 풀이 》

뇌물을 받고 부정을 저지르는 인간들이 세상에 가득하건만, 죄는 복이 적은 사람에게 걸린다.

《 새김 》

크게 부정을 저지른 사람은 법망을 빠지고, 어쩌다 작은 부정을 범한 사람만 법망에 걸려든다는 뜻.

《 한문공부 》

- 罪 허물 죄(网〔罒〕부 8획)
  罪狀(죄상) : 죄를 저지른 정상(情狀).
- 拘 걸릴 구(扌부 5획)
  拘引(구인) : 체포하여 끌고 감＝拘致(구치)
△ 贓濫(장람) : 뇌물을 받고 부정을 저지르다.

제 12 편 **성심(省心)下** _ 223

※ 12 ※

天若改常이면　不風卽雨요
천 약 개 상　　　불 풍 즉 우
人若改常이면　不病卽死니라
인 약 개 상　　　불 병 즉 사

《 풀이 》

하늘이 만약 정상의 길을 벗어나면 바람 아니면 비가 오고, 사람이 만약 정상의 길을 벗어나면 병들지 않으면 죽는다.

《 새김 》

하늘이 상도(常道)에서 벗어나면 일기가 고르지 못하듯이, 사람도 그 정도를 벗어나면 반드시 병이 들지 않으면 죽는다는 뜻.

《 한문공부 》

- 改 고칠 개(攴〔攵〕부 3획)
    改過(개과) : 잘못을 고침 = 改心(개심)
- 常 항상 상(巾부 8획)
    常習(상습) : 늘 하는 버릇.
△ 改常(개상) : 상도(常道)를 어기다.
△ 風(풍)과 病(병)은 동사로 쓰였음. '바람불다', '병들다'의 뜻.

＊ 13 ＊

壯元詩에 云
장 원 시   운

國正天心順이요 官淸民自安이라
국 정 천 심 순   관 청 민 자 안

妻賢夫禍少요 子孝父心寬이니라
처 현 부 화 소   자 효 부 심 관

《 풀이 》

장원시에 이르기를 "나라가 바로 서면 하늘도 순할 것이요, 관리들이 청렴하면 온 국민이 저절로 편안해진다. 아내가 어질면 남편의 재앙이 적을 것이요, 자식이 효도하면 아버지의 마음이 관대해진다"고 하였다.

《 새김 》

여러 사람들이 각자 맡은 직분을 다할 때 사회는 아름답고 밝아지며 국민들은 안심하고 살 수 있다는 뜻.

《 한문공부 》

- 順 순할, 좇을 순(頁부 3획)
  順坦(순탄) : 길이 평탄함.
- 寬 너그러울 관(宀부 12획)
  寬容(관용) : 너그럽게 받아들임.
△ 國正(국정) : 나라가 바르다.
△ 順(순) : 순응하다. 순조롭다.
△ 禍少(화소) : 주술관계로서 '재앙이 적다'로 풀이.

제 12 편 성심(省心)下 _ 225

※ 14 ※

子曰
자 왈
木從繩則直하고
목 종 승 즉 직
人受諫則聖이니라
인 수 간 즉 성

《 풀이 》

공자가 말씀하기를 "나무가 먹줄을 따르면 곧고, 사람이 충고함을 당장 받아들이면 거룩한 사람이 된다"고 하였다.

《 새김 》

다른 사람의 충고를 받아들이는 사람은 진정 현명하고 위대한 사람이라는 뜻.

《 한문공부 》

- 從 좇을 종(彳부 8획)
  從業(종업) : 일에 종사함.
- 諫 충고할 간(言부 9획)
  諫言(간언) : 간하는 말.
△ 受諫(수간) : 남의 충고를 받아들이다.

* 15 *

一派靑山景色幽러니
일 파 청 산 경 색 유
前人田土後人收라
전 인 전 토 후 인 수
後人收得莫歡喜하라
후 인 수 득 막 환 희
更有收人在後頭니라
갱 유 수 인 재 후 두

《 풀이 》

한 줄기 푸른 산은 경치가 그윽한데, 옛사람이 가꾸던 밭을 후세 사람이 거두는구나. 후세 사람은 차지했다고 해서 기뻐하지 마라, 다시 거둘 사람은 뒤에 있다.

《 새김 》

재물은 아침 이슬처럼 덧없는 존재이다. 그러니 사람은 쓸데없는 탐욕을 버리고 정직하게 살아야 할 것이라는 뜻.

《 한문공부 》

- 幽 그윽할 유(幺부 6획)
  幽居(유거) : 세상 시끄러움을 피하여 외딴 곳에서 지냄.
- 歡 기쁠 환(++부 18획)
  歡迎(환영) : 기쁜 마음으로 맞음.
- 喜 기쁠 희(口부 9획)
  喜捨(희사) : 어떤 사업에 물건이나 재물을 냄.
- △ 一波(일파) : 한 줄기.
- △ 前人(전인) : 옛 사람.
- △ 後頭(후두) : 바로 뒤.

＊16＊

蘇東坡 曰 **無故而得千金**이면
소 동 파   왈   무 고 이 득 천 금
不有大福이요 **必有大禍**이니라
불 유 대 복   필 유 대 화

《 풀이 》

소동파가 말씀하기를 "까닭없이 천금을 얻는 것은 큰 복이 있다고 좋아할 것이 아니라 큰 재앙이라고 생각하여라"고 하였다.

《 새김 》

자신의 노력없이 얻어진 재물은 그것은 재물이 아니라 큰 화라고 생각하라는 뜻.

《 한문공부 》

- 蘇 깨어날 소(艹부 16획)
  蘇生(소생) : 다시 살아남.
- 坡 언덕 파(土부 5획)
  坡岸(파안) : 제방의 언덕.
△ 故(고) : 명사로 쓰였음. 까닭. 이유.

蘇東坡(소동파) 중국 北宋(북송) 때의 문인으로 이름은 軾(식), 호가 東坡(동파)이다. 唐宋八大家(당송8대가)의 한 사람이며, 아버지 洵(순) 및 아우 轍(철)과 함께 '三蘇(삼소)'로 불리운다. 王安石(왕안석)의 新法(신법)에 반대했다. 그의 유명한 「赤壁賦(적벽부)」는 널리 人口(인구)에 회자되고 있다.

* 17 *

康節 邵先生 曰
강절 소선생 왈
有人이 來問卜하되 如何是禍福고
유인　내문복　　　여하시화복
我虧人是禍요 人虧我是福이니라
아휴인시화　　인휴아시복

《 풀이 》

강절 소선생이 말씀하기를 "나에게 찾아와서 운수를 묻는 사람이 있으니 어떠한 것이 화이고 복일고, 내가 남을 해롭게 하면 이것이 곧 재앙이요, 남이 나를 해롭게 하면 이것이 복이니라"고 하였다.

《 새김 》

복이든 재앙이든 다 내게서 비롯된다는 가르침이다.

《 한문공부 》

- 卜 점칠 복(卜부 0획)　　卜占(복점) : 길흉을 점치는 일.
- 何 어찌 하(亻부 5획)　　何如間(하여간) : 어쨌든. 하여튼.
- △ 有人(유인) : 어떤 사람. 한 사람.
- △ 問卜(문복) : 점을 묻다.
- △ 虧(휴) : 이지러지다. 즉 해롭게 하다.

邵康節(소강절) 李挺之(이정지)에게 道家(도가)의 「圖書先天象數(도서선천상수)」의 學(학)을 배워 신비적인 수리학설을 세우고, 이에 의하여 우주자연의 원리를 설명하였다. 王安石(왕안석)이 新法(신법)을 실시하기 전에 天津(천진)의 다리 위에서 두견새 우는 소리를 듣고 천하가 어지러워질 것을 예견하였다고 한다. 卜筮(복서)의 대가로도 이름이 높다.

* 18 *

大廈千間이라도 夜臥八尺이요
대 하 천 간　　　야 와 팔 척
良田萬頃이라도 日食二升이니라
양 전 만 경　　　일 식 이 승

《 풀이 》

큰 집이 천칸이라도 밤에 눕는 곳은 단지 여덟자 뿐이요, 좋은 밭이 만평이 있더라도 하루 두 되면 충분히 먹게 된다.

《 새김 》

한 사람이 누워 잠잘 수 있는 넓이는 고작 여덟 자이고, 한 사람이 두 되의 양식이면 먹는 것으로 충분하니, 과분하게 욕심을 내지 마라는 뜻.

《 한문공부 》

- 廈 큰집 하(广부 10획)

  廈屋(하옥) : 커다란 집.
- 臥 누울 와(臣부 2획)

  臥病(와병) : 병으로 누움.

△ 大廈(대하) : 큰 집.

△ 升(승) : 1승은 1되를 말한다.

＊ 19 ＊

久住令人賤이요 頻來親也疎라
구 주 영 인 천   빈 래 친 야 소
但看三五日에 相見不如初라
단 간 삼 오 일   상 견 불 여 초

《 풀이 》

남의 집에 손으로 가서 오래 머물러 있으면 사람으로 하여금 천하게 여기고, 너무 자주 오면 친하던 것도 정이 멀어진다. 오직 사흘이나 닷새만에 서로 보는 데도 보는 눈이 처음 보는 것같지 않다.

《 새김 》

"고기와 귀한 손님은 사흘이 지나면 싫어진다"는 말이 있듯이 손님으로 너무 오래 있거나 자주 찾아가면 인정이 멀어진다는 뜻.

《 한문공부 》

- 住 살 주(亻부 5획)
  住居(주거) : 살고 있는 곳.
- 頻 자주 빈(頁부 7획)
  頻度(빈도) : 잦은 도수.
- △ 令(령) : ~로 하여금 ~하게 하다.
- △ 令人賤(영인천) : 남으로 하여금 천히 여기게 하다.
- △ 親也疎(친야소) : 친하여도 멀어진다.
- △ 不如初(불여초) : 처음과 같지 않다.

* 20 *

渴時一滴은 如甘露요
갈 시 일 적   여 감 로
醉後添盃는 不如無니라
취 후 첨 배   불 여 무

《 풀이 》

목이 마를 때 마시는 한 방울의 물은 단 이슬과 같고, 술 취한 후에 또 마시는 술은 안 마시는 것만 못하다.

《 새김 》

어떠한 일이든 어느 만큼의 한계를 넘어서는 안된다고 경계한 글이다.

《 한문공부 》

- 滴 물방울 적(辵〔辶〕부 11획)
   硯滴(연적) : 벼룻물을 담는 그릇.
- 杯＝盃 잔 배(木부 4획)
   乾杯(건배) : 술잔을 비우는 것. 축하한다는 뜻으로 말하기도 함.
△ 渴時一滴(갈시일적) : 갈증이 날 때 한 방울의 물.
△ 添盃〔杯〕(첨배) : 잔을 더하는 것.
△ 不如無(불여무) : 없는 것보다 못하다.

* 21 *

酒不醉人　人自醉요
주 불 취 인　인 자 취
色不迷人　人自迷니라
색 불 미 인　인 자 미

《 풀이 》

술이 사람을 취하도록 하는 것이 아니라, 사람이 스스로 술 취하는 것이요, 색정이 사람을 미혹시키는 것이 아니라, 사람이 자기 스스로 미혹되는 것이다.

《 새김 》

술과 여색보다는 결국 자신이 적이라는 뜻.

《 한문공부 》

- 酒 술 주(氵부 3획)
  酒興(주흥) : 술에 얼근하여 느끼는 흥취.
- 迷 미혹할 미(辵〔辶〕부 6획)
  迷宮(미궁) : 사건 따위가 쉽게 해결될 수 없을 때 이르는 말.
△ 自醉(자취) : 스스로 취하다.
△ 迷人(미인) : 사람을 미혹시키다.

제 12 편 **성심(省心)下** _ 233

＊ 22 ＊

公心을 若比私心이면 何事不辨이며
공 심   약 비 사 심   하 사 불 변
道念을 若同情念이면 成佛多時니라
도 념   약 동 정 념   성 불 다 시

《 풀이 》
공(公)을 위해서 일하는 마음이 사(私)를 위해서 일하는 마음에 비할 수 있다면 무슨 일이든지 옳고 그름을 가려 내지 못함이 없을 것이고, 도(道)를 향하는 마음이 만약 남녀의 애정을 생각하는 마음과 같다면 성불(成佛)한 지도 벌써 오래일 것이다.

《 새김 》
보통 평범한 사람들은 대개 공적인 일보다는 사사로운 일에 집착하는 경향이 많다는 뜻.

《 한문공부 》
- 比 견줄 비(比부 0획)
  比較(비교) : 견주어 살핌.
- 辨 분별할 변(辛부 9획)
  辨明(변명) : 잘못이 없음을 밝힘.
- 念 생각 념(心부 4획)
  念珠(염주) : 부처님에게 예배할 때 손으로 굴리는 불구(佛具).
△ 道念(도념) : 도를 지키려는 마음.
△ 成佛(성불) : 부처가 되는 것.

* 23 *

易에 曰 德微而位尊하고
역 왈 덕미이위존
智小而謀大면 無禍者鮮矣니라
지소이모대 무화자선의

《 풀이 》

『주역』에 이르기를 "덕이 적은데 관직이 높으며, 지혜가 없으면서 도모하고 계획하는 것이 크다면 재앙이 없는 사람이 드물 것이다"고 하였다.

《 새김 》

덕은 적은데 관직이 높고 지혜가 없으면서도 계획하는 바가 크다면 어찌 재앙이 없겠는가! 반드시 화가 있다는 뜻.

《 한문공부 》

- 微 적을 미(彳부 10획)
  微笑(미소) : 소리 내지 않고 가볍게 웃음.
- 謀 꾀 모(言부 9획)
  謀議(모의) : 일을 계획하여 그 계책을 의논함.
- 鮮 고울, 드물, 적을 선(魚부 6획)
  鮮少(선소) : 드묾. 얼마 안됨.

△ 微(미) : 미약하다. 적다.
△ 位尊(위존) : 관직이 높다.
△ 智小(지소) : 지혜가 작음.

易 : 周易(주역) 64괘를 자연현상, 가족관계, 방위, 덕목 등에 맞추어서 철학 윤리·정치상의 설명과 해석을 가한 책. 周代(주대)에 大成(대성)되었기 때문에 『주역』이라 한다. 모두 12편.

* 24 *

濂溪先生(염계선생) 曰(왈)
巧者言(교자언)하고 拙者默(졸자묵)하며
巧者勞(교자노)하고 拙者逸(졸자일)하며
巧者賊(교자적)하고 拙者德(졸자덕)하며
巧者凶(교자흉)하고 拙者吉(졸자길)하나니
嗚呼(오호)라
天下拙(천하졸)이면 刑政(형정)이 徹(철)하여
上安下順(상안하순)하며 風淸弊絶(풍청폐절)이니라

【 풀이 】

염계 선생이 말씀하기를 "교활하고 재주있는 사람은 말을 잘하고, 겸손하고 재주없는 사람은 말이 없으며, 교활하고 재주있는 사람은 수고로우나 재주없는 사람은 한가하다. 교활하고 재주있는 사람은 해를 끼치고, 재주없는 사람은 덕성스러우며, 교활하고 재주있는 사람은 흉하고 재주없는 사람은 길하다. 아아! 천하가 겸손하고 우직하면 정치가 철저하여서 임금은 편안하고 백성은 잘 복종하여 풍속은 맑고 나쁜 습관은 없어진다"고 하였다.

【 새김 】

남을 속이는 교묘한 재주가 용렬한 정성보다 못하다는 뜻.

【 한문공부 】

- 溪 시내 계(氵부 10획)
  溪谷(계곡) : 물이 흐르는 산골짜기.
- 拙 졸할 졸(扌부 5획)
  拙策(졸책) : 졸렬한 계책.
- 徹 사무칠 철(彳부 12획)
  徹底(철저) : 속깊이 들어감. 끝까지 관철함.
- 弊 폐단 폐(廾부 12획)
  弊社(폐사) : 자기 회사를 겸손하게 이르는 말.

△ 巧者(교자) : 교활하고 재주 있는 사람.
△ 言(언) : 동사로 쓰임. 말을 잘하다.
△ 拙者(졸자) : 겸손하고 우직한 사람.
△ 弊絶(폐절) : 나쁜 폐습이 없어지는 것.

濂溪(염계) 1017~73. 중국 北宋(북송)의 유학자. 성은 周(주), 이름은 敦頤(돈이), 자는 茂叔(무숙), 호는 濂溪(염계)이다. 朱子學(주자학)의 원조로서, 『太極圖說(태극도설)』과 『通書(통서)』를 저술. 종래의 인생관에 우주관을 통합하고, 거기에 일관한 원리를 수립했다.

※ 25 ※

說苑_에 曰
설 원   왈
官怠於宦成_{하고}   病加於小癒_{하며}
관 태 어 환 성   병 가 어 소 유
禍生於懈怠_{하고}   孝衰於妻子_니
화 생 어 해 태   효 쇠 어 처 자
察此四者_{하여}   慎終如始_{니라}
찰 차 사 자   신 종 여 시

《 풀이 》

『설원』에 이르기를 "관리는 벼슬이 높아짐에 따라 게을러지고, 질병은 조금 나아졌다고 (안도하는 데서) 더해지며, 재앙은 게으른 데서 생기고, 효도는 처자를 양육하는 데서 흐려진다. 그러므로 이 네 가지를 살펴서 끝까지 삼가기를 처음과 같이 해야 한다"고 하였다.

《 새김 》

자칫 범하기 쉬운 어리석은 행동이 네 가지가 있다. 지위가 높아졌다고 게을리하고, 병이 조금 나아졌다고 마음을 놓는다든지, 게으른 생활을 한다든지, 처자가 생기면 부모를 소홀히 한다든지 하는 것들이다. 이 네 가지를 잘 살피고 힘써야 한다는 뜻.

《 한문공부 》

• 苑 동산 원(艹부 5획)
  苑囿(원유) : 울을 치고 새와 짐승을 놓아 기르는 동산.
• 慎 삼갈 신(心〔忄〕부 11획) 慎默(신묵) : 삼가 침묵함.

說苑(설원) 前漢(전한) 때 劉向(유향)이 편찬한 유명인들의 逸話(일화)를 모은 책.

* 26 *

器滿則溢하고　人滿則喪이니라
기 만 즉 일　　인 만 즉 상

【 풀이 】

그릇이 차면 넘쳐 흐르고, 재물을 많이 갖거나 더없이 높은 자리에 오르면 잃게 된다.

【 새김 】

그릇이 차면 물이 넘치는 것과 같이 사람도 넘칠 만큼 소유하면 상실하게 되는 것이 자연스러운 이치라는 뜻.

【 한문공부 】

- 器 그릇 기(口부 13획)
  器官(기관) : 생물의 생명 유지에 필요한 작용을 하는 몸의 각 부분.
- 喪 잃을 상(口부 9획)
  喪性(상성) : 본디 갖춘 성질을 잃어버림.
- △ 滿(만) : 가득하다.
- △ 溢(일) : 넘치다.

제 12 편 **성심(省心)下** _ 239

* 27 *

尺璧非寶요 寸陰是競이니라
척 벽 비 보   촌 음 시 경

《 풀이 》

한 자 되는 구슬을 보배로 생각하지 말고, 오직 짧은 시간이라도 이를 다투어 아껴 쓰라.

《 새김 》

구슬같은 보배만 귀중히 여기지 말고 조그마한 짧은 시간이라도 귀중히 사용해서 배우라는 교훈.

《 한문공부 》

- 璧 구슬 벽(玉부 13획)

  完璧(완벽) : 흠이 없고 완전한 것.

- 競 다툴 경(立부 15획)

  競技(경기) : 기술이나 능력을 겨룸.

△ 尺璧(척벽) : 한 자나 되는 구슬.

△ 寸陰(촌음) : 극히 짧은 시간.

△ 是(시) : 이것을.

* 28 *

羊羹이 雖美나 衆口를 難調니라
양 갱   수 미   중 구   난 조

《 풀이 》

양고기국이 비록 맛이 좋다해도 여러 사람의 입에 다 맞추기는 어려운 것이다.

《 새김 》

사람은 저마다 취향이 다르고 생각이 다르니 다수를 만족시키기가 어려운 것이다. 그러므로 자기 신념을 굳게 지니고 일을 추진해 나가라는 뜻.

《 한문공부 》

- 衆 무리 중(血부 6획)
  衆口難防(중구난방) : 여러 사람의 입은 막기 어려움.
- 調 고를 조(言부 8획)
  調停(조정) : 중간에 서서 화해시킴.
- △ 羊羹(양갱) : 양고기국. 고대 중국에서 맛있는 음식의 대명사로 알려져, 일본에서는 단팥묵 과자에 양갱이라는 이름을 붙였다.
- △ 難調(난조) : 고루 맞추기 어렵다.

29

> 益智書에 云 白玉은 投於泥塗라도
> 익지서 운 백옥 투어니도
> 不能污穢其色이요 君子는
> 불능오예기색 군자
> 行於濁地라도 不能染亂其心하나니
> 행어탁지 불능염란기심
> 故로 松柏은 可以耐雪霜이요
> 고 송백 가이내설상
> 明智는 可以涉危難이니라
> 명지 가이섭위난

《 풀이 》

『익지서』에 이르기를 "흰 옥은 진흙 속에 던져도 그 빛을 더럽힐 수 없고, 군자는 혼란하고 탁한 곳에 갈지라도 그 마음을 어지럽게 더럽힐 수 없다. 그러므로 소나무와 잣나무는 서리와 눈을 견디어 내고, 밝은 지혜는 위급하고 어려운 처지를 충분히 헤쳐 나갈 것이다"고 하였다.

《 새김 》

혼탁한 세상에서 밝은 지혜로 위급한 일을 잘 헤쳐 나갈 수 있어야 참다운 남자라는 뜻.

《 한문공부 》

- 投 던질 투(扌부 4획)
  投網(투망) : 물고기 잡는 그물을 던져 넣음.
- 塗 진흙 도(土부 10획)   塗炭(도탄) : 몹시 고통스러운 지경.
- 染 물들 염(木부 5획)   染色(염색) : 피륙 따위에 물을 들임.

△ 泥塗(이도) : 진흙탕.

△ 涉(섭) : 건너다. 헤쳐나가다.

* 30 *

入山擒虎는 易어니와
입 산 금 호   이
開口告人은 難이니라
개 구 고 인   난

《 풀이 》

산에 들어가 호랑이를 잡기는 쉬운 일이나, 입을 열어 다른 사람에게 사실을 말하기는 어려운 것이다.

《 새김 》

산에 들어가 호랑이를 잡는 것보다도 딱한 사정 이야기를 남에게 알리기가 더 어렵다. 즉 불행한 일을 본인에게 알리기가 지극히 어려운 일이라는 뜻.

《 한문공부 》

- 告 고할 고(口부 4획)
  告發(고발) : 죄를 들추어 내어 고소함.
- 易 쉬울 이, 바꿀 역(日부 4획)
  易地思之(역지사지) : 처지를 바꾸어서 생각함.

△ 擒虎(금호) : 호랑이를 사로잡는 것.
△ 開口(개구) : 입을 열다.

* 31 *

遠水는 不救近火요
원 수   불 구 근 화
遠親은 不如近隣이니라
원 친   불 여 근 린

《 풀이 》

멀리 있는 곳의 물은 가까운 불을 끄지 못하고, 먼 곳의 일가친척은 가까운 이웃 사람만 못하다.

《 새김 》

가깝게 사는 이웃 사람이 멀리 있는 친인척보다 더 정답다는 뜻.

《 한문공부 》

• 遠 멀 원(辵[辶]부 10획)
  遠視(원시) : 먼 곳은 잘 보이나 가까운 곳이 잘 보이지 않는 눈.
• 隣 이웃 린(阜[阝]부 12획)
  隣接(인접) : 이웃함. 지경이 맞닿아 있음.
△ 遠水(원수) : 먼 곳에 있는 물.
△ 近火(근화) : 가까이 있는 불.
△ 不如(불여) : ~만 못하다. ~함만 못하다.

﹡ 32 ﹡

太公曰
태공 왈
日月이 雖明이나 不照覆盆之下하고
일월 수명 부조복분지하
刀刃이 雖快나 不斬無罪之人하고
도인 수쾌 불참무죄지인
非災橫禍는 不入愼家之門이니라
비재횡화 불입신가지문

《 풀이 》

태공이 말씀하기를 "해와 달이 비록 밝으나 엎어 놓은 항아리의 밑은 비추지 못할 것이고, 칼날이 비록 잘 드나 죄없는 사람은 베지 못할 것이고, 갑자기 들어 닥치는 재앙이라도 조심하는 가정에는 들지 못할 것이다"고 하였다.

《 새김 》

평소 매사에 삼가고 조심하는 집안에는 화도 들어갈 수 없다는 뜻.

《 한문공부 》

- 照 비출 조(火〔灬〕부 9획)
  照明(조명) : 밝게 비춤. 또는 비추어 밝게 함.
- 斬 벨 참(斤부 7획)
  斬刑(참형) : 목을 베는 형벌.
- △ 覆盆(복분) : 엎어 놓은 항아리.
- △ 刀刃(도인) : 칼날.
- △ 非災(비재) : 엉뚱한 재앙. 그릇된 재앙.
- △ 橫禍(횡화) : 뜻밖에 당하는 화.

33

太公曰 (태공왈)
良田萬頃이 不如薄藝隨身이니라
(양전만경) (불여박예수신)

《 풀이 》

태공이 말씀하기를 "좋은 논 1만 이랑이 있어도 박하고 얕은 재주를 몸에 지닌 것만 못하다"고 하였다.

《 새김 》

자식에게 천금을 물려 준다 해도 한 가지 재주를 가르치는 것만 못하다는 뜻.

《 한문공부 》

- 薄 박할 박(艹부 13획)
  薄俸(박봉) : 적은 봉급.
- 隨 따를 수(阜〔⻖〕부 13획)
  隨行(수행) : 뒤를 따라감.
△ 薄藝(박예) : 변변치 못한 재주. 얕은 재주.
△ 隨身(수신) : 몸에 따르다. 즉 몸에 지닌다는 뜻.

* 34 *

性理書에 **云** **接物之要**는
성 리 서　　운　　접 물 지 요
己所不欲을 **勿施於人**하고
기 소 불 욕　　물 시 어 인
行有不得이어든 **反求諸己**니라
행 유 부 득　　　반 구 저 기

《 풀이 》

성리서에 이르기를 "사물을 접하는 요령은 자기가 하고자 하지 않는 것을 남에게 베풀지 말고, 행하여 얻지 못하는 것이 있거든 반성해 그 책임을 자기에게 돌리는 것이다"고 하였다.

《 새김 》

"내가 하고 싶지 않은 일을 남에게 시키지 말라" — 이 말을 한평생 실천해야 한다는 뜻.

《 한문공부 》

- 施 베풀 시(方부 5획)
  施賞(시상) : 상을 줌.
- 諸 모두 제, 어조사 저(言부 9획)
  諸般(제반) : 여러 가지.
△ 己所不欲(기소불욕) : 자기가 하고자 하지 않는 것.
△ 諸(저) : 어조사로서 '之於(지어)'와 비슷함. '~에서'의 뜻.
△ 反求諸己(반구저기) : 돌이켜 자기에게 그 원인을 구하는 것.

제 12 편 **성심(省心)下** _ 247

* 35 *

酒色財氣四堵墻에
주 색 재 기 사 도 장
多少賢憂在內廂이라 若有世人이
다 소 현 우 재 내 상   약 유 세 인
跳得出이면 便是神仙不死方이니라
도 득 출   변 시 신 선 불 사 방

《 풀이 》

술과 여색과 재물과 기운의 네 가지로 쌓은 담 안에 많은 어진 사람과 어리석은 사람이 안방과 행랑에 들어있도다. 만약 세상 사람들이 이곳에서 뛰쳐 나올 수만 있다면, 그것이 바로 신선과 마찬가지로 죽지 않는 방법이다.

《 새김 》

술은 한 두 잔 이상 마시지 말고, 색이 비록 좋을지라도 삼가해야 하고, 재물을 탐내지 말고, 기운도 한꺼번에 다 내지 말 것. 이 네 가지를 경계하라는 뜻.

《 한문공부 》

- 堵 담 도(土부 9획)
  堵列(도열) : 많은 사람이 죽 늘어섬.
- 墻 담 장(牆의 약자, 爿부 13획)
  牆衣(장의) : 담 위의 푸른 이끼.
- 方 모 방(方부 0획)
  方正(방정) : 언행이 바르고 점잖음.

△ 四堵墻(사도장) : 네 가지(술, 색, 재물, 기운)로 쌓은 담.
△ 內廂(내상) : 안방과 행랑.
△ 跳得出(도득출) : 뛰쳐 나오다.

제 13 편

立教

삶의 근본에 대한 가르침

* 1 *

子曰　立身有義而孝爲本이요
자왈　입신유의이효위본
喪祀有禮而哀爲本이요
상사유례이애위본
戰陣有列而勇爲本이요
전진유열이용위본
治政有理而農爲本이요
치정유리이농위본
居國有道而嗣爲本이요
거국유도이사위본
生財有時而力爲本이니라
생재유시이력위본

《 풀이 》

공자가 말씀하기를 "입신출세함에 의가 있으니 효도가 근본이요, 상사(喪事)에 예가 있으니 슬퍼함이 그 근본이요, 전쟁터에 질서가 있으니 용기와 사나움이 그 근본이 된다. 나라를 다스리는데 이치가 있으니 농사가 그 근본이 되고, 나라를 지키는 데 도(道)가 있으니 계승이 그 근본이 되며, 재물을 생산함에 때가 있으니 노력이 그 근본이 된다"고 하였다.

《 새김 》

입신출세의 근본은 효도요, 상제(喪祭)의 근본은 슬퍼하는 것이요, 전쟁터에서는 용맹이 근본이 되고, 나라를 다스리는 데는 농사가 근본이요, 나라를 보존해 나가는데는 왕족의 대를 잇는 것이 근본이요, 재물을 모을 수 있는 근본은 노력이라는 뜻이다.

《 한문공부 》

- 戰 싸울 전(戈부 12획)

  戰禍(전화) : 전쟁으로 말미암은 재화(災禍).

- 陣 진칠 진(阜〔阝〕부 7획)

  陣頭(진두) : 투쟁의 선두.

- 嗣 이을 사(口부 10획)

  嗣子(사자) : 대를 이을 아들＝長子(장자)

△ 喪祀(상사) : 사람이 죽어서 초상과 제사 지내는 것.

△ 居國(거국) : 나라를 보전하는 것.

△ 嗣(사) : 자손을 잇다.

孔子(공자)　공자는 仁(인)을 근본으로 하는 윤리도덕을 설명하여 사람들의 갈길을 밝힘으로써 예수·석가와 더불어 세계 3대 聖人(성인)으로 일컬어진다. 공자는 도탄 속에 신음하는 백성들을 구하고 사회질서를 바로잡으며, 이상적인 통일국가를 건설하기 위하여 천하의 여러 제후들을 순방하고 王道政治(왕도정치)를 부르짖었으나, 이에 호응하는 자가 없었기 때문에 뜻을 이루지 못하고 다시 노나라로 돌아와서 후진들을 교육하며, 『詩經(시경)』『書經(서경)』『周易(주역)』의 편찬과 『春秋(춘추)』의 저술 등에 몰두하였다. 공자의 제자는 3천 명이라고 하며, 그 가운데서 뛰어난 제자가 72명이었다고 한다. 공자는 堯舜(요순)을 이상적인 군주로 찬양하고 禹(우), 湯(탕), 文武(문왕과 무왕을 합쳐서 부르는 말) 등 三王(삼왕)을 추대함으로써 공자 이전의 중국을 체계화하였으며, 그의 사상은 이후 2천 수백 년 동안 중국을 비롯한 동양 여러 나라에 있어 정치·교육의 중심을 이루고 있다. 우리나라에 있어서는 조선시대가 유교의 극성시기로서, 유교에 배치되는 사상을 논하는 자에게는 斯文亂賊(사문난적)이라는 극악한 죄명이 적용되었다.

＊ 2 ＊

景行錄에 云
경행록   운
爲政之要는 曰公與淸이요
위정지요   왈공여청
成家之道는 曰儉與勤이니라
성가지도   왈검여근

《 풀이 》

『경행록』에 이르기를 "정치를 하는데 중요한 것은 공평하고 사사로운 욕심이 없이 깨끗이 하는 것이요, 가정을 이루는 방법은 낭비하지 않고 부지런히 일하는 것이다"고 하였다.

《 새김 》

정치는 공명정대하고 청렴결백해야 한다. 집안을 일으켜 세우는 방도는 검소하고 근면하게 생활해야 한다는 뜻이다.

《 한문공부 》

- 政 정사 정(攴〔攵〕부 4획)
  政略(정략) : 정치상의 흉정, 책략.
- 儉 검소할 검(亻부 13획)
  儉素(검소) : 사치하지 않고 수수함.
- △ 要締(요체) : 중요한 것.
- △ 公與淸(공여청) : 공정함과 아울러 청렴함.
- △ 儉與勤(검여근) : 검소함과 아울러 근면함.

* 3 *

讀書는 起家之本이요
독서   기가지본

循理는 保家之本이요
순리   보가지본

勤儉은 治家之本이요
근검   치가지본

和順은 齊家之本이니라
화순   제가지본

《 풀이 》

독서를 하는 것은 집을 일으키는 근본이요, 이치에 따름은 집을 잘 보존하는 근본이요, 근면하고 검소한 생활을 하여 낭비를 하지 않으니 집을 잘 처리하는 근본이요, 화목하고 순종하는 것은 집안을 잘 다스리는 근본이다.

《 새김 》

독서와 도리를 따르는 것, 근면하고 검소한 생활을 하는 것, 화목과 유순은 집안을 일으키는 근본이 된다는 뜻.

《 한문공부 》

- 起 일어날 기(走부 3획)

  起伏(기복) : 일어섬과 엎드림. 성함과 쇠함.

- 循 좇을 순(彳부 9획)   循環(순환) : 주기적으로 반복하여 돎.

- 齊 가지런할 제(齊부 0획)

  齊唱(제창) : 여러 사람이 함께 노래를 부름.

△ 起家(기가) : 집안을 흥하게 하다.

△ 循理(순리) : 이치를 따르는 것.

△ 齊家(제가) : 집안을 잘 다스리는 것.

4

孔子三計圖에 云
공자삼계도 운
一生之計는 在於幼하고
일 생 지 계   재 어 유
一年之計는 在於春하고
일 년 지 계   재 어 춘
一日之計는 在於寅이니
일 일 지 계   재 어 인
幼而不學이면 老無所知요
유 이 불 학   노 무 소 지
春若不耕이면 秋無所望이요
춘 약 불 경   추 무 소 망
寅若不起면 日無所辦이니라
인 약 불 기 일 무 소 판

《 풀이 》

공자가 「삼계도」에 말씀하기를 "일생의 계획은 어릴 때 세워야 하고, 일년의 계획은 봄에 세워야 하고, 하루의 계획은 새벽에 세워야하는 것이니, 어려서 배우지 않으면 늙어서 아는 것이 없고, 봄에 밭을 경작하지 않으면 가을에 아무런 바랄 것이 없으며, 새벽에 일찍 일어나지 않으면 그날은 보람있는 일을 하지 못한다"고 하였다.

《 새김 》

젊은 시절은 일년으로 치면 봄이고, 봄에는 꽃이 만발하여 유혹이 많다. 이때 유혹을 뿌리치고 열심히 밭을 갈면 가을의 희망이 샘솟는 듯이 생긴다. 부지런히 땅을 갈면 인생의 운명이 좋아진다는 뜻이다.

【 한문공부 】

- 計 계교 계(言부 2획)
  計劃(계획) : 미리 꾀하여 작정함.
- 幼 어릴 유(幺부 2획)
  幼稚園(유치원) : 어린 아이가 다니는 학습장.
- 辦 힘쓸 판(辛부 9획)
  辦公費(판공비) : 공무에 사용하는 돈.

△ 三計(삼계) : 하루와 일년과 일생의 계획.

△ 寅(인) : 새벽 3시에서 5시까지. 새벽녘.

△ 無所(무소) : ~할 바가 없다.

△ 辦(판) : 일에 힘쓰다. 일을 처리하다.

* 5 *

性理書(성리서)에 云(운) 五教之目(오교지목)은 父子有親(부자유친)하며 君臣有義(군신유의)하며 夫婦有別(부부유별)하며 長幼有序(장유유서)하며 朋友有信(붕우유신)이니라

《 풀이 》

성리서에 이르기를 "다섯 가지의 가르침 조목은 아버지와 자식 사이에는 서로 친함이 있어야 하며, 임금과 신하 사이에는 의리가 있어야 하며, 남편과 아내 사이에는 분별이 있어야 하며, 어른과 아이 사이에는 차례가 있어야 하며, 친구 사이에는 믿음이 있어야 한다"고 하였다.

《 새김 》

조선 오백년을 거쳐 오늘에 이르기까지 우리에게 뿌리깊게 내려진 삶의 교훈이다. 사회질서가 무너지고 가치관이 뒤바뀌고 있는 혼란한 세태에서 이 오륜의 가르침을 반드시 실천해야 한다는 뜻.

《 한문공부 》

- 性 성품 성(心〔忄〕부 5획)
  性善說(성선설) : 사람의 본성은 착하나 물욕 때문에 불의(不義)가 생긴다는 설.
- 序 차례 서(广부 4획)
  序論(서론) : 본론에 앞서 그 전체에 걸쳐 간략하게 논하는 글.
△ 目(목) : 條目(조목).

五教(오교) 五倫(오륜)이라고도 한다. 三綱(삼강)과 함께 유가의 기본적인 덕목을 이루는 다섯 가지 가르침이다.

* 6 *

三綱은 君爲臣綱이요
삼강　 군위신강
父爲子綱이요　夫爲婦綱이니라
부위자강　　　부위부강

【 풀이 】

삼강이라는 것은 임금이 신하의 본이 되고, 아버지는 자식의 본이 되며, 남편은 아내의 본이 되는 것이다.

【 새김 】

삼강(三綱)은 앞장의 오륜과 함께 유교에서 가장 기본이 되는 도덕 윤리이다. 마땅히 지켜야 할 도리를 강조한 것이다.

【 한문공부 】

- 綱 벼리 강(糸부 8획)
  綱領(강령) : 일의 으뜸되는 큰 줄거리.
- 婦 여자 부(女부 8획)
  婦德(부덕) : 여자로서의 덕행.
- △ 綱(강) : 모범. 그물의 맨위라는 뜻에서 나옴.

* 7 *

王蜀曰
왕촉 왈
忠臣은 不事二君이요
충신 불 사 이 군
烈女는 不更二夫니라
열녀 불 경 이 부

《 풀이 》

왕촉이 말씀하기를 "충신은 두 임금을 섬기지 않고, 열녀는 두 남편을 섬기지 않는다"고 하였다.

《 새김 》

참다운 충신과 열녀라는 것은 이런 것임을 지적한 글.

《 한문공부 》

- 烈 매울 렬(火〔灬〕부 6획)
  烈火(열화) : ① 맹렬하게 타는 불. ② 불길같이 세참.
- 更 고칠 경(曰부 3획)
  更迭(경질) : 어떤 직위에 있는 사람을 갖고 딴 사람을 그 자리에 임용함.
△ 不事(불사) : 섬기지 않다.
△ 不更(불경) : 바꾸지 않다. '섬기지 않다'로 풀이함.

王蜀(왕촉) 중국 戰國時代(전국시대) 때의 齊(제)나라 사람. 제나라가 燕(연)나라에 패하여 성이 함락되었으나 항복 권고를 물리치고 자결했다. 충신으로 이름이 높다.

* 8 *

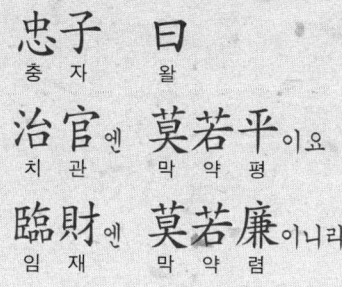

《 풀이 》

충자가 말씀하기를 "관직을 다스림에는 공평함이 제일이고, 재물을 대할 때는 청렴한 것이 첫째다"고 하였다.

《 새김 》

관직에 종사하고 있는 사람이라면 반드시 명심해야 할 교훈이다.

《 한문공부 》

- 官 벼슬 관(宀부 5획)
  官報(관보) : 정부에서 발행하는 공보.
- 臨 임할 림(臣부 11획)
  臨檢(임검) : 현장에 나가 조사함.
△ 莫(막) : 없다.
△ 莫若(막약) : ~만한 것이 없다. 최고다. 莫如(막여)와 같은 용법으로 쓰임.

忠子(충자)　누구인지 알려진 바 없다.

* 9 *

張思叔座右銘에 曰 凡語를 必忠
장 사 숙 좌 우 명 왈 범 어   필충
信하며 凡行을 必篤敬하며 飮食을
신   범 행   필 독 경   음 식
必愼節하며 子畫을 必楷正하며
필 신 절   자 획   필 해 정
容貌를 必端莊하며 衣冠을
용 모 필 단 장   의 관
必整肅하며 步履를 必安詳하며
필 정 숙   보 리   필 안 상
居處를 必正靜하며 作事를 必謀始
거 처 필 정 정   작 사 필 모 시
하며 出言을 必顧行하며 常德을
    출 언   필 고 행   상 덕
必固持하며 然諾을 必重應하며
필 고 지   연 락   필 중 응
見善如己出하며 見惡如己病하라
견 선 여 기 출   견 악 여 기 병
凡此十四者는 皆我未深省이라
범 차 십 사 자 개 아 미 심 성
書此當座右하여 朝夕視爲警하노라
서 차 당 좌 우   조 석 시 위 경

【 풀이 】

장사숙 「좌우명」에 이르기를 "모든 말은 반드시 충성되고 믿음이 있어야 되며, 제반 행동은 반드시 돈독하고 공경히 하며, 음식은 반드시 삼가고 알맞게 먹으며, 글씨는 반드시 분명하게 바르게 쓰며, 용모는 반드시 단

정하게 엄숙히 하며, 의관은 반드시 정숙하며, 걸음걸이는 반드시 안정하고 똑바로 하며, 거처하는 곳은 반드시 바르고 정숙하게 하며, 일하는 것은 반드시 계획을 세워 시작하며, 말을 할 때는 반드시 그 실행 여부를 심사숙고해서 하며, 평상시의 덕을 반드시 굳게 가지며, 어떤 일을 허락하는 것은 반드시 신중히 생각해서 응하며, 착한 것을 보거든 자기에게서 나온 것같이 하며, 악한 것을 보거든 자신의 병인 것같이 하라. 무릇 이 열 네 가지는 모두 내가 아직 깊이 깨닫지 못한 것이다. 이것을 오른편에 써 붙이고 아침 저녁으로 보고 경계하리라" 하였다.

《 새김 》

장사숙의 이 14가지 좌우명은 현대 사회생활을 무난히 하고 싶은 사람은 반드시 실천해야 할 사항이다. 말을 조심스럽게 하고, 행실은 독실하고 겸허해야 하고, 음식은 절제하고, 글씨는 바르게 쓰고, 용모는 단정해야 하고, 옷차림은 깔끔하게 하고, 걸음걸이는 바르고 조용히 걷고, 살고 있는 거처는 정숙한 곳이라야 하고, 말을 할 때는 실천할 수 있는지 여부를 살펴보고, 평상시에 덕을 굳게 가지며, 일을 허락할 때는 신중히 하고, 선을 보거든 자기 일같이 기뻐하고, 악을 보거든 자기의 질병인 것같이 생각하라는 뜻.

《 한문공부 》

- 座 자리 좌(广부 7획)
  座右銘(좌우명) : 곁에 두고 늘 보면서 경계로 삼는 격언.
- 楷 해서 해(木부 9획)
  楷書(해서) : 서체의 하나＝正書(정서), 眞書(진서).
- 詳 자세할 상(言부 6획)　　　詳細(상세) : 자상하고 세밀함.

△ 步履(보리) : 걸음걸이.

△ 朝夕視爲警(조석시위경) : 아침 저녁으로 보아서 경계로 삼다.

張思叔(장사숙)　중국 北宋(북송) 때의 학자. 程伊川(정이천)의 제자임.

* 10 *

武王이 問 太公 曰
人居世上에 何得貴賤貧富不等고
願聞說之하여 欲知是矣이로다
太公 曰
富貴는 如聖人之德하여
皆由天命이어니와
富者는 用之有節하고
不富者는 家有十盜니라

【 풀이 】

무왕이 태공에게 질문하기를 "인간이 삶을 영위하는데 어찌하여 귀함과 천함, 그리고 가난하고 부하고 해서 고르지 않습니까? 원컨대 말씀을 들어서 이치를 알고 싶습니다."
태공이 대답하기를 "부귀는 성인(聖人)의 덕과 같아서 하늘에서 준 운명에 달려 있으며, 부자는 쓰는 것이 절도가 있고, 부하지 못한 사람은 집에 열가지 도둑이 있습니다"고 하였다.

《 새김 》

부자는 씀씀이에 절도와 절제가 있으나, 가난한 사람은 그 집에 열 명의 도둑이 든 것만큼이나 매사에 씀씀이가 많다는 것이다. 절약에 대한 정곡을 찌르는 말이다.

《 한문공부 》

- 武 굳셀 무(止부 4획)
  武勇(무용) : 날래고 용맹함.
- 節 마디 절(竹부 9획)
  節度(절도) : 말이나 행동 따위의 적당한 정도.
- 盜 도둑 도(皿부 7획)
  盜癖(도벽) : 남의 물건을 훔치는 버릇.

△ 得(득) : 어기사(語氣辭)로서 뜻이 없음.
△ 由(유) : 말미암다.
△ 用之有節(용지유절) : 사용함에 절제가 있음. 之(지)는 어조사.

武王(무왕)　B. C 1169~1116. 중국 周(주)나라 임금. 아버지 文王(문왕)의 유업을 계승, 아우 旦(단)과 협력하여 殷(은)나라의 紂王(주왕)을 토벌한 후 周王朝(주왕조)를 세웠다. 태공망 呂尙(여상)을 재상으로 등용한 일화로 유명하다.

武王 曰
무왕 왈

何謂十盜닛고
하위십도

太公 曰
태공 왈

時熟不收가 爲一盜요
시숙불수 위일도

收積不了가 爲二盜요
수적불료 위이도

無事燃燈寢睡가 爲三盜요
무사연등침수 위삼도

慵懶不耕이 爲四盜요
용라불경 위사도

不施功力이 爲五盜요
불시공력 위오도

專行巧害가 爲六盜요
전행교해 위육도

養女太多가 爲七盜요
양녀태다 위칠도

晝眠懶起가 爲八盜요
주면라기 위팔도

貪酒嗜慾이 爲九盜요
탐주기욕 위구도

强行嫉妬가 爲十盜니이다
강행질투 위십도

《 풀이 》

무왕이 말씀하기를 "무엇을 가지고 십도라고 합니까?"

태공이 대답하기를 "곡식이 익은 것을 제때에 거둬 들이지 않는 것이 첫째 도둑이요, 거두고 쌓는 것을 마치지 않는 것이 둘째 도둑이요, 할일없이 등불을 켜놓고 잠자는 것이 셋째 도둑이요, 게을러서 밭을 갈지 않는 것이 넷째 도둑이요, 공을 들이지 않는 것이 다섯째 도둑이요, 오로지 교활하고 해로운 일만 행하는 것이 여섯째 도둑이요, 딸을 너무 많이 기르는 것이 일곱째 도둑이요, 낮잠 자고 아침에 일어나기를 게을리하는 것이 여덟째 도둑이요, 술을 탐하고 환락을 즐기는 것이 아홉째 도둑이요, 심히 남을 질투하는 것이 열째 도둑입니다"고 하였다.

《 새김 》

열 가지 도둑에 비유하여 인간이 살아가면서 경계해야 할 덕목을 자세하게 설명한 글이다.

《 한문공부 》

- 熟 익을 숙(火〔灬〕부 11획)

  熟考(숙고) : 충분히 생각함.

- 嗜 즐길 기(口부 10획)

  嗜好品(기호품) : 술·담배·차·고추 따위, 사람이 즐기는 음식물.

- 嫉 질투할 질(女부 10획)

  嫉妬(질투) : 시새움. 우월한 사람을 미워함.

△ 慵懶(용라) : 게으르고 나태함.

△ 嗜慾(기욕) : 욕심을 즐기다.

* 12 *

武王曰
무왕 왈

家無十盜而不富者는 何如닛고
가 무 십 도 이 불 부 자   하 여

太公曰
태공 왈

人家에 必有三耗니다
인 가   필 유 삼 모

武王曰
무왕 왈

何名三耗닛고
하 명 삼 모

太公曰
태공 왈

倉庫漏濫不蓋하여
창 고 루 람 불 개

鼠雀亂食이 爲一耗요
서 작 난 식   위 일 모

收種失時가 爲二耗요
수 종 실 시   위 이 모

拋撒米穀穢賤이 爲三耗니다
포 살 미 곡 예 천   위 삼 모

《 풀이 》
무왕이 말씀하기를 "집에 십도(열명의 도둑)가 없고도 부유하지 못한 것은 어찌하여 그럽니까?"
태공이 대답하기를 "그런 사람의 집에는 반드시 삼모(三耗)가 있을 것입니다."

무왕이 말씀하기를 "무엇을 삼모라고 말합나까?"

태공이 대답하기를 "창고가 뚫려 있는데도 가리지 않아서 쥐와 새들이 마구 먹어대는 것이 첫째의 소모요, 거두거나 씨뿌림의 시기를 놓치는 것이 둘째의 소모요, 곡식을 퍼 흘리고 더럽고 천하게 다루는 것이 셋째의 소모입니다"고 하였다.

《 새김 》

십도가 없는 데도 여전히 가난을 면치 못하는 것은 세가지 소모가 있는데, 이 장에서는 그 세 가지 소모에 대한 설명이다.

《 한문공부 》

- 耗 소모할 모(耒부 4획)

  消耗品(소모품) : 사용해서 없어지는 물품.

- 撒 뿌릴 살(扌부 12획)

  撒布(살포) : 흩어서 뿌림.

- 穢 더러울 예(禾부 13획)

  穢政(예정) : 악정(惡政).

△ 漏濫(누람) : 물이 새어나와 넘치다.

△ 鼠雀(서작) : 쥐와 참새.

△ 抛撒(포살) : 흩어 버리다.

* 13 *

武王　曰
무왕　왈

家無三耗而不富者는 何如닛고
가 무 삼 모 이 불 부 자　　 하 여

太公　曰
태공　왈

人家에
인 가

必有一錯二誤三痴四失五逆
필 유 일 착 이 오 삼 치 사 실 오 역

六不祥七奴八賤九愚十强하여
육 불 상 칠 노 팔 천 구 우 십 강

自招其禍요 非天降殃이니다
자 초 기 화　 비 천 강 앙

【 풀이 】

무왕이 묻기를 "집안에 삼모도 없는데 부유하지 못한 것은 어찌하여 그럽니까?"

태공이 대답하기를 "그런 사람의 집에는 반드시 열 가지 나쁜 것이 있어서 그런 것입니다. 그것은 첫째 일을 그르친 것, 둘째 일을 잘못 처리하는 것, 셋째 바보스러운 것, 넷째 매사에 실수하는 것, 다섯째 인륜을 거역하는 처사, 여섯째 상서롭지 못한 일, 일곱째 노예 행색을 하는 것, 여덟째 천한 일을 하는 것, 아홉째 어리석은 것, 열째 지나치게 강한 것 등으로서 이런 일들은 스스로가 그 화를 부르는 것이요, 하늘이 화(재앙)을 내리는 것이 아닙니다"고 하였다.

【 새김 】

집안에 삼모가 없는 데도 부자가 되지 못할 경우에 대해, 태공이 그런 집에는 반드시 열 가지 결함이 있다고 했다. 이 장에는 그 열 가지 결함에 대해서 설명한 것이다.

【 한문공부 】

- 誤 그르칠 오(言부 8획)

  誤解(오해) : 그릇 해석함.
- 降 내릴 강(阜〔阝〕부 6획)

  降雪(강설) : 눈이 내림. 내린 눈.
- 招 초대할 초(扌부 5획)

  招聘(초빙) : 예를 갖추어 부름.

△ 自招(자초) : 스스로 초래하다.

△ 降殃(강앙) : 재앙을 내리다.

△ 何如(하여) : 문장 끝에 놓여 '어떠한가'의 뜻으로 쓰임.

武王 曰 願悉聞之하나이다
무왕 왈 원실문지

太公 曰
태공 왈

養男不教訓이 爲一錯이요
양남불교훈 위일착

嬰孩不訓이 爲二誤요
영해불훈 위이오

初迎新婦不行嚴訓이 爲三痴요
초영신부불행엄훈 위삼치

未語先笑가 爲四失이요
미어선소 위사실

不養父母가 爲五逆이요
불양부모 위오역

夜起赤身이 爲六不祥이요
야기적신 위육불상

好挽他弓이 爲七奴요
호만타궁 위칠노

愛騎他馬가 爲八賤이요
애기타마 위팔천

喫他酒勸他人이 爲九愚요
끽타주권타인 위구우

喫他飯命朋友가 爲十强이니다
끽타반명붕우 위십강

武王 曰 甚美誠哉라 是言也이여
무왕 왈 심미성재 시언야

《 풀이 》

무왕이 말씀하기를 "그 내용을 듣기를 바랍니다."
태공이 대답하기를 "아들을 기르며 가르치지 않는 것이 첫째 잘못이요, 어린아이를 훈도하지 않는 것이 둘째 잘못이요, 새 아내를 맞아들여서 엄하게 가르치지 않는 것이 셋째 어리석음이요, 말하기 전에 웃기부터 먼저 하는 것이 넷째 과실이요, 부모를 봉양하지 않는 것이 다섯째 거스름이요, 밤에 알몸으로 일어나는 것이 여섯째 상서롭지 못함이요, 다른 사람의 활을 빌어 당기기를 좋아하는 것이 일곱번째 상스러움이요, 남의 말을 타기를 좋아하는 것이 여덟째 천함이요, 남의 술을 마시면서 다른 사람에게 권하는 것이 아홉째 어리석음이요, 타인의 밥을 얻어 먹으면서 벗에게 주는 것이 열째 뻔뻔함이 되는 것입니다"고 하였다.
무왕이 말씀하기를 "아아! 참으로 아름답고 진실하도다, 이 말씀은"라고 하였다.

《 새김 》

이 글은 태공이 무왕에게 錯(착), 誤(오), 痴(치), 失(실), 逆(역), 不祥(불상), 奴(노), 賤(천), 愚(우), 强(강)에 대해서 설명한 글이다.

《 한문공부 》

• 悉 다 실(心부 7획)　　　　　悉心(실심) : 마음을 다함.
• 迎 맞을 영(辵〔辶〕부 4획)　迎合(영합) : 남의 비위를 맞춤.
• 嚴 엄할 엄(口부 17획)　　　嚴禁(엄금) : 엄중하게 금지함.
△ 愛騎(애기) : 말타기를 좋아함.
△ 喫他酒(끽타주) : 남의 술을 마시는 것.
△ 强(강) : 뻔뻔하다.
△ 哉(재) : 어조사. ~하도다.

范益謙座右銘에 曰
一不言朝廷利害邊報差除이요
二不言州縣官員長短得失이요
三不言衆人所作過惡之事요
四不言仕進官職趨時附勢요
五不言財利多少厭貧求富요
六不言淫媟戲慢評論女色이요
七不言求覓人物干索酒食이요
又人付書信을 不可開坼沈滯요
與人幷坐에 不可窺人私書요
凡入人家에 不可看人文字요
凡借人物에 不可損壞不還이요
凡喫飲食에 不可揀擇去取요
與人同處에 不可自擇便利요

凡人富貴를 不可歎羨詆毁니
범인부귀   불가탄선저훼

凡此數事에 有犯之者면
범차수사   유범지자

足以見用心之不正이라
족이견용심지부정

於正心修身에 大有所害라
어정심수신   대유소해

因書以自警하노라
인서이자경

《풀이》

범익겸「좌우명」에 이르기를 "첫째 조정에서의 이로움과 해로움, 변방으로부터의 보고와 관직의 임명에 대하여 말하지 말 것, 둘째 주현의 공무원의 장점과 단점과 얻음과 상실에 대하여 말하지 말 것, 셋째 여러 사람의 저지른 악한 일을 말하지 말며, 넷째 벼슬에 나가는 것과 기회를 따라 권세에 아부하는 일에 대하여 말하지 말 것, 다섯째 재산의 많고 적음이나 가난을 싫어하고 부를 구하는 것을 말하지 말며, 여섯째 음란하고 난잡한 농담이나 여색에 대한 평론을 말하지 말 것, 일곱째 남의 물건을 탐내거나 술과 음식을 찾아다니면서 빼앗지 말라.

그리고 남이 부치는 편지를 뜯어 보거나 지체시켜서는 안되며, 남과 같이 앉아 있으면서 남의 사사로운 글을 엿보아서는 안되며, 남의 집에 갔을 때 남이 만든 글을 보면 안되며, 남의 물건을 빌렸을 때 이것은 손상시켜서 돌려 보내선 안된다. 무릇 음식을 먹음에 가려서 먹지 말며, 남과 같이 있으면서 스스로의 편리만을 가려서 취하지 마라. 무릇 남의 부귀를 부러워하거나 헐뜯지 마라. 무릇 이 몇 가지 일을 범하는 자가 있으면 충분히 그 마음 쓰는 것의 바르지 않음을 알 수 있으며, 마음을 바르게 하고 몸을 닦는 데 크게 해되는 바가 있는지라, 그래서 이 글을 써서 스스로 경계하노라"고 하였다.

《 새김 》

전반에는 난세에 처했을 때 몸을 보전하기 위해서 꼭 지켜야 할 처세방법이, 후반에는 일상생활 속에서 남에게 폐를 끼쳐서는 안되는 조목을 나열했다. 이것을 명심해서 노력한다면 장차 반드시 좋은 결과를 맺게 된다는 뜻.

《 한문공부 》

- 除 제수할, 버릴 제(阜〔阝〕부 7획)
  除授(제수) : 추천하지 않고 임금이 친히 관원을 임명함.
- 慢 거만할 만(心〔忄〕부 11획)
  漫心(만심) : 잘난체하며 거드럭거리는 마음.
- 滯 막힐 체(水〔氵〕부 11획)
  滯納(체납) : 세금이나 요금 따위를 기일 안에 내지 아니함.
- 羨 부러울 선(羊부 7획)
  羨望(선망) : 부러워함.

范益謙(범익겸)   중국 宋(송)나라 사람. 祖禹(조우)의 아들. 이름은 沖(충), 자는 元長(원장)이다. 兩進轉運使(양진전운사)를 지냈으며, 왕명에 의하여 『神哲兩實錄』을 펴냈다. 『자치통감』을 지은 司馬光(사마광)을 보살펴, 그에게 많은 영향을 끼쳤다.

제 14 편

治政

벼슬아치들의 자세에 대한 가르침

* 1 *

明道先生曰
명도선생 왈
一命之士라도 苟有存心於愛物이면
일명지사   구유존심어애물
於人에 必有所濟니라
어인   필유소제

《풀이》

명도 선생이 말씀하기를 "처음 벼슬을 얻은 사람이라도 진실로 물건을 사랑하는 마음이 있다면 다른 사람에게 반드시 도움이 되는 바가 있을 것이다"라고 하였다.

《새김》

처음으로 벼슬길에 오른 사람이라면 말단 공무원일 것이다. 그런 사람도 물건을 아끼고 사랑함에 마음을 두기만 한다면 국민에게 도움을 줄 수 있다는 뜻.

《한문공부》

- 苟 진실로 구 (艹부 5획)　　苟且(구차) : 가난하고 궁색함.
- 所 바 소 (戶부 4획)　　所望(소망) : 바라는 바. 희망.
- 濟 건널 제 (氵부 14획)
  　濟度(제도) : 속세에서 중생을 극락세계로 인도함.

△ 存心(존심) : 마음을 두다.
△ 所濟(소제) : 구제함. 도움이 됨.

明道先生(명도선생)　중국 北宋(북송) 때의 대유학자 程顥(정호)를 말한다. 周敦頤(주돈이)의 문인이며, 아우 程頤(정이)와 함께 '二程子(이정자)'로 불린다. 明道(명도)는 호.

* 2 *

> 童蒙訓에 曰
> 當官之法이 唯有三事하니
> 曰淸曰愼曰勤이라
> 知此三者면 知所以持身矣니라

《 풀이 》

『동몽훈』에 이르기를 "관리 된 사람의 지켜야 할 법은 오직 세 가지가 있는데, 그것은 청렴한 신중과 근면이다. 이 세 가지를 알면 몸가짐을 알 수 있다"고 하였다.

《 새김 》

관직에 있는 사람에게 있어 '청렴·신중·근면' 이 세 가지는 잠시도 잊지 않아야 할 규범이다. 이것을 강조한 글이다.

《 한문공부 》

- 童 아이 동(立부 7획)
  童話(동화) : 어린이를 위해 지은 재미있고 유익한 이야기.
- 蒙 어리석을 몽(++부 10획)
  蒙昧(몽매) : 사리에 어둡고 이리석음.
△ 所以持身(소이지신) : 몸가짐하는 방법.

童蒙訓(동몽훈) 宋(송)나라 때 呂本中(여본중)이 아이들을 가르치기 위해 지은 책으로 원 이름은 『呂氏童蒙訓(여씨동몽훈)』이다. 2권. 正論(정론)과 格言(격언)이 많다.

* 3 *

唐太宗御製에 云
당태종어제   운

上有麾之하고
상유휘지

中有乘之하고   下有附之하여
중유승지   하유부지

幣帛衣之요 倉廩食之하니
폐백의지   창늠식지

爾俸爾祿이 民膏民脂니라
이봉이록   민고민지

下民은 易虐이어니와
하민   이학

上蒼은 難欺니라
상창   난기

《 풀이 》

당나라 태종이 어제에 말씀하기를 "위에는 일을 지시하는 이가 있고, 중간에는 이에 의하여 다스리는 관원이 있고, 그 아래에는 이에 따르는 사람이 있다. 예물로 받은 비단으로 옷을 만들어 입고, 창고에 거두어 둔 곡식으로 밥을 지어 먹으니, 너희의 봉록은 모두가 다 백성들의 기름이다. 아래에 있는 백성을 학대하기는 쉽지만, 위에 있는 푸른 하늘을 속일 수는 어렵다"고 하였다.

《 새김 》

관리들은 백성의 노고를 생각하고 덕으로 나라를 다스려 나라의 안녕과 평화를 가져올 의무가 있다는 것을 잊어서는 안된다는 교훈.

《 한문공부 》

- 宗 마루 종(宀부 5획)
  宗家(종가) : 맏이의 집안. 큰집.
- 麾 대장기 휘(麻부 4획)
  麾下(휘하) : 주장의 통솔 하에 있는 사졸.
- 乘 탈, 다스릴 승(丿부 9획)
  乘田(승전) : 춘추시대 노나라에서 가축을 기르던 하급 관리.
- 虐 모질 학(虍부 3획)
  虐待(학대) : 잔혹하게 굶.
- 欺 속일 기(欠부 8획)
  欺瞞(기만) : 남을 속임.

△ 幣帛(폐백) : 예물로 받은 비단.
△ 上蒼(상창) : 위에 있는 푸른 하늘.

唐太宗(당태종) 唐(당)나라 제2대 임금. 이름은 世民(세민). 아버지 李淵(이연)을 도와서 수나라를 멸하고 당나라를 세웠다. 태종은 문물을 발달시켜 당나라의 전성기를 열었는데, 그의 연호 貞觀(정관)을 따서 이 시기의 정치를 찬양하여 '貞觀之治(정관지치)'라 한다.

* 4 *

事君을 如事親하며
사군 여사친

事長官을 如事兄하며
사장관 여사형

與同僚를 如家人하며
여동료 여가인

待羣吏를 如奴僕하며
대군리 여노복

愛百姓을 如妻子하며
애백성 여처자

處官事를 如家事
처관사 여가사

然後에 能盡吾之心이니
연후 능진오지심

如有毫末不至면
여유호말부지

皆吾心에 有所未盡也니라
개오심 유소미진야

《 풀이 》

임금을 섬기는 것은 어버이를 섬기는 것같이 하며, 윗사람 섬기기를 형님을 섬기는 것같이 하며, 동료를 대하기를 자기 집 사람같이 하며, 여러 아전 대접하기를 자기 집 종같이 하며, 백성 사랑하기를 처자같이 하며, 나라일 처리하기를 내 집안 일처럼 하고 난 뒤에야 능히 내 마음을 다했다 할 것이니라. 만약 털끝만큼이라도 다하지 못한 점이 있다면 모두가 내 마음에 다하지 못한 것이 있기 때문이다.

《 새김 》

조금이라도 성의를 다하지 못한 점이 있으면 모두 내 마음에 다하지 못한 것이 있는 탓이라는 말이다.

《 한문공부 》

- 僚 동료 료(亻부 12획)
  同僚(동료) : 같은 친구들.
- 群＝羣 무리 군(羊부 7획)
  群衆(군중) : 많이 모인 여러 사람.
- 毫 가는털 호(毛부 7획)
  毫末(호말) : 아주 작거나 잔 것의 비유.

△ 事(사) : 섬기다.
△ 與(여) : 함께 어울리다.
△ 羣吏(군리) : 여러 아전.
△ 有所未盡(유소미진) : 다하지 못한 바가 있다.

* 5 *

惑이 問
혹   문

簿는 佐令者也니
부   좌령자야

簿欲所爲를 令惑不從이면 奈何닛고
부욕소위   영혹부종   내하

伊川先生 曰
이천선생 왈

當以誠意動之니라
당이성의동지

今令與簿不和는 便是爭私意요
금령여부불화   변시쟁사의

令은 是邑之長이니
영   시읍지장

若能以事父兄之道로 事之하여
약능이사부형지도   사지

過則歸己하고
과즉귀기

善則唯恐不歸於令하며 積此誠意면
선즉유공불귀어령   적차성의

豈有不動得人이리오
기유부동득인

《 풀이 》

어떤 사람이 묻기를 "부(簿)는 영(令)을 보좌하는 사람입니다. 부가 하고자 하는 바를 영이 혹시 따르지 않는다면 어떻게 합니까?"
이천(伊川) 선생이 말씀하기를 "이것은 마땅히 성의로써 움직여야 한다. 지금 영이 부와 화목하지 않은 것은 곧 사사로운 생각으로 싸움을 하는 것이다. 영은 고을의 장관이니, 만일 아버지와 형을 섬기는 도리로 섬겨, 과오가 있다면 자기에게로 돌리고, 잘한 일이 있다면 영에게로 돌아가지 않을 것을 염려하여 성의를 쌓아간다면 어찌 사람을 움직이지 못하겠는가?" 하였다.

《 새김 》

관직의 하나인 '부'와 '영'의 관계를 들어 말한 것인데, 어디까지나 아랫 사람이 양보하고 윗사람을 잘 도우면 인화(人和)를 이룩할 수 있다.

《 한문공부 》

- 簿 장부 부(竹부 13획)
  簿記(부기) : 회계장부를 기록하는 방식.
- 佐 도울 좌(亻부 5획)
  補佐(보좌) : 도와 보필하는 것.

△ 伊 저 이(亻부 4획) : 대명사. 저, 그=是(시)

△ 簿(부) : 관청의 長(장)을 보좌하는 직위.

△ 令(영) : 縣令(현령). 고을의 장관.

△ 奈何(내하) : 어떻게 하리오?

△ 唯恐不歸於令(유공불귀어령) : 오직 영에게로 돌아가지 않을 것을 두려워 한다.

△ 得人(득인) : 사랑을 받는 것.

伊川先生(이천선생) 北宋(북송) 때의 대유학자 程頤(정이)를 말한다. 明道(명도) 程顥(정호)의 동생으로 형과 함께 성리학을 일으키는데 공이 컸다.

* 6 *

當官者는 必以暴怒爲戒하여
당관자   필이폭노위계
事有不可어든 當詳處之면
사유불가   당상처지
必無不中이어니와 若先暴怒면
필무부중   약선폭노
只能自害라 豈能害人이리오
지능자해   기능해인

《 풀이 》

관직에 몸을 담고 있는 사람은 반드시 지나치게 성내는 것을 경계하라. 일에 옳지 않음이 있거든 당연히 세밀하게 처리하면 반드시 맞지 않는 것이 없으리라. 만약 화부터 먼저 내면 오직 자신을 해롭게 할 뿐이다. 어찌 타인을 해롭게 할 수 있겠는가?

《 새김 》

관리는 부디 자상하고 신중하게 처신함으로써 국민의 공복(公僕)으로서 겸손해야 한다는 뜻이다.

《 한문공부 》

- 暴 드러날 폭(日부 11획)

  暴飮(폭음) : 술을 함부로 많이 마심.

- 能 능할 능(肉〔月〕부 6획)

  能通(능통) : 사물에 잘 통달함.

△ 暴怒(폭노) : 심하게 성을 내는 것.

△ 詳處之(상처지) : 일을 자상하게 처리하는 것.

△ 不中(부중) : 맞지 않는 것.

△ 自害(자해) : 자기가 자기를 해치는 것.

7

劉安禮 問臨民한대 明道先生 曰
유안례 문림민 명도선생 왈
使民으로 各得輸其情이니라
사민 각득수기정
問御吏한대 曰 正己以格物이니라
문어리 왈 정기이격물

《 풀이 》

유안례가 백성을 대하는 도리를 묻자 명도 선생이 대답하였다. "백성으로 모두 각각 그들의 뜻을 다 펴게 하여라."
아전을 거느리는 방법을 묻자 "자기 자신을 올바르게 함으로써 비로소 사물의 이치를 깨닫게 하라" 하였다.

《 새김 》

백성들이 자신들의 뜻을 모두 펼칠 수 있게 하며, 아전을 통솔하는 방법은 먼저 자기 자신을 바르게 하는 것이다. 그래서야 아랫사람이 따라간다는 뜻.

《 한문공부 》

- 輸 보낼 수, 알릴 수(車부 9획)
  輸出(수출) : 외국으로 상품·기술 등을 내보냄.
- 情 뜻 정(心〔忄〕부 8획)   情談(정담) : 다정한 이야기.
- 格 바로잡을 격(木부 6획)
  格言(격언) : 사리에 맞아 교훈이 될 만한 짧은 말.

△ 輸其情(수기정) : 그 뜻을 관청에 전달하다.
△ 御吏(어리) : 아전을 통솔하다.
△ 格物(격물) : 사물의 이치를 연구하는 것.

劉安禮(유안례) 北宋(북송) 때 사람. 자는 元素(원소)이며, 재주가 많았다.

* 8 *

抱朴子에 曰　迎斧鉞而正諫하며
포박자 왈   영 부 월 이 정 간
據鼎鑊而盡言이면　此謂忠臣也이니라
거 정 확 이 진 언   차 위 충 신 야

《 풀이 》

『포박자』에 이르기를 "도끼에 맞는 한이 있더라도 바르게 간하며, 가마솥에 넣어서 죽이려 해도 옳은 말을 다하면 이를 충신이라 한다"고 하였다.

《 새김 》

나라와 임금을 사랑하고 근심하는 사람으로서는 마땅히 죽기를 각오하고 바른 길을 가도록 충고의 말을 해야 한다는 뜻이다.

《 한문공부 》

- 據 웅거 거, 의거할 거(扌부 13획)
  據點(거점) : 활동의 근거지.
- 鼎 솥 정(鼎부 0획)
  鼎峙(정치) : 솥발처럼 세 사람이 서로 대립함.
- △ 謂(위) : ~라 일컫는다.

抱朴子(포박자)　東晋(동진) 초기의 도가. 성은 葛(갈), 이름은 洪(홍). 포박자는 호이다. 道術(도술)을 좋아하여 평생을 그 수련에 노력했다. 그의 저서『포박자』는 내외 두 편으로 이루어져 있는데, 내편에서는 신선술을, 외편에서는 時政(시정)의 득실과 人事(인사)의 善否(선부)를 논하였다.

제 15 편

治家

치가

집안을 잘 다스리라는 가르침

* 1 *

> 司馬溫公曰
> 사마온공 왈
> 凡諸卑幼는 事無大小요
> 범 제 비 유 사 무 대 소
> 毋得專行하고 必咨稟於家長이니라
> 무 득 전 행 필 자 품 어 가 장

《 풀이 》

사마온공이 말씀하기를 "모든 손아랫 사람들은 일의 크고 작음을 가림없이 제멋대로 행동하지 말고, 반드시 집안 어른께 여쭈어 보고 해야 한다"고 말했다.

《 새김 》

집안의 어린 사람들이 어른을 무시하고 멋대로 행동하는 것을 경계하는 글이다.

《 한문공부 》

- 司 맡을 사(口부 2획)
  司會(사회) : 모임의 진행을 맡아 보는 일. 또는 그 사람.
- 卑 낮을 비(十부 6획)
  卑怯(비겁) : 용기가 없음. 겁이 많음.
△ 卑幼(비유) : 손아랫 사람.
△ 毋得(무득) : ~해서는 안된다.
△ 咨稟(자품) : 윗사람에게 여쭈어 보다.

* 2 *

> 待客대객에 不得不豊부득불풍이요
> 治家치가에 不得不儉부득불검이니라

《풀이》

손님 접대는 풍성하게 하지 않을 수 없으며, 살림살이는 검소하지 않을 수 없는 것이다.

《새김》

내 집을 찾아온 손님에게 풍성한 접대를 하되 분수를 넘어서는 안되고, 살림살이에는 검소와 절약이 생활화되도록 힘써야 할 것이라는 뜻이다.

《한문공부》

- 豊 풍년 풍(豆부 6획)
  豊盛(풍성) : 넉넉하고 많음.
- 治 다스릴 치(氵부 5획)
  治安(치안) : 세상이 편안하도록 다스리는 일.
- △ 不得不(부득불) : 아니할 수 없다.
- △ 治家(치가) : 집안을 다스리다. 여기서는 살림살이.

* 3 *

太公曰 痴人은 畏婦요 賢女는 敬夫니라
태공 왈 치인 외부 현녀 경부

《 풀이 》

태공이 말씀하기를 "어리석은 사람은 아내를 두려워하고 어진 여자는 남편을 공경하는 것이다"고 하였다.

《 새김 》

아내를 두려워하고 남편을 공경하지 않는 가정은 커다란 문제를 안고 있다고 보아야 할 것이다.

《 한문공부 》

- 畏 두려울 외(田부 4획)
  畏懼(외구) : 두려워함.
- 敬 공경 경(攴〔攵〕부 9획)
  敬虔(경건) : 공경하는 마음으로 깊이 삼가고 조심함.

△ 敬夫(경부) : 남편을 공경함.

* 4 *

凡使奴僕에 先念飢寒이니라
범 사 노 복   선 념 기 한

《 풀이 》

모든 종을 부리는 데는 먼저 그들의 춥고 배고픔을 생각해야 한다.

《 새김 》

자기보다 처지가 못한 사람을 가엾게 여기고 도와주어야 한다는 뜻이다.

《 한문공부 》

- 凡 무릇 범(几부 1획)

  凡節(범절) : 법도에 맞는 모든 질서나 절차.

- 寒 찰 한(宀부 9획)

  寒波(한파) : 기온이 갑자기 내려가 몹시 추운 현상.

△ 使(사) : 부리다.

△ 先念(선념) : 우선 생각하는 것.

△ 飢寒(기한) : 배고프고 추운 것.

5

子孝雙親樂이요 家和萬事成이니라
자 효 쌍 친 락   가 화 만 사 성

《 풀이 》

자식이 효도하면 두 어버이가 즐겁고, 집안이 화목하면 만사가 성공한다.

《 새김 》

자식이 효도하면 자연 가족이 화목하게 되고, 그러면 가정이 번영한다는 뜻이다.

《 한문공부 》

- 雙 쌍 쌍(佳부 10획)

  雙璧(쌍벽) : 양자가 우열을 가릴 수 없을 만큼 훌륭함.
- 成 이룰 성(戈부 3획)

  成績(성적) : 일을 성취한 솜씨.

△ 雙親(쌍친) : 양친. 부모.

△ 家和(가화) : 집안이 화목함.

* 6 *

時時防火發하고 **夜夜備賊來**니라
시 시 방 화 발　　야 야 비 적 래

《 풀이 》

언제나 불이 나는 것을 예방하고, 밤마다 도둑이 드는 것을 방비하라.

《 새김 》

늘 미리 점검하고 예방하는 자세가 필요한 것이다.

《 한문공부 》

- 防 막을 방(阜〔阝〕부 4획)
  防犯(방범) : 범죄가 일어나지 않게 막음.
- 備 갖출 비(亻부 10획)
  備忘錄(비망록) : 잊어버릴 경우에 대비한 기록.
△ 防火發(방화발) : 불이 나는 것을 예방하다.
△ 備賊來(비적래) : 도둑이 드는 것을 방지하다.

* 7 *

景行錄에 云 觀朝夕之早晏하여
경 행 록   운   관 조 석 지 조 안
可以卜人家之興替니라
가 이 복 인 가 지 흥 체

《 풀이 》

『경행록』에 이르기를 "아침 일찍 일어나고 저녁에 늦게 자는 것을 보아서 충분히 그 사람의 가정이 일어나고 쇠퇴하는 것을 예측할 수 있다"고 하였다.

《 새김 》

오로지 부지런히 일하고 노력할 때 집안이 흥한다는 뜻이다.

《 한문공부 》

- 興 흥할 흥(臼부 9획)
  興奮(흥분) : 자극에 의하여 일시적으로 신경이 고조되는 현상.
- 替 바꿀 체(曰부 8획)
  交替(교체) : 사람이나 물건을 바꾸다.
△ 早晏(조안) : 이르고 늦은 것.
△ 興替(흥체) : 흥하고 망하는 것.

* 8 *

文中子 曰
문중자 왈
婚娶而論財는 **夷虜之道也**이니라
혼 취 이 논 재   이 로 지 도 야

《 풀이 》

문중자가 말씀하기를 "시집가고 장가가는데 재물을 이야기하는 것은 오랑캐들이 하는 일이다"고 하였다

《 새김 》

혼인이란 상대방의 인품이 중요한 것이지 재물이 중요한 것이 아니며, 혼사에 재물을 논하는 것은 무지한 오랑캐나 하는 일이라고 혹평한 글이다.

《 한문공부 》

- 娶 잡아둘 취(女부 8획)
  娶妻(취처) : 아내를 맞음.
- 夷 오랑캐 이(大부 3획)
  以夷制夷(이이제이) : 오랑캐로 오랑캐를 제어함. 곧 적을 이용하여 적을 침.
- 虜 사로잡을 로(虍부 6획)
  虜獲(노획) : 적을 사로잡다.
△ 夷虜(이로) : 오랑캐.

文中子(문중자) 중국 隨(수)나라 때 학자 왕통(王通)을 가리킨다. 자기의 건의가 조정에 받아들여지지 않자 은퇴하여 후학 양성에 힘을 기울였다. 李世民(이세민)을 도와 당나라를 일으켰으니, 어진 재상으로 이름높은 房玄齡(방현령), 杜如晦(두여회), 魏徵(위징) 등이 다 그의 문인이다. 文中子(문중자)는 그의 호.

정본 명심보감
明心寶鑑

제 16 편

安義

친지간의 도리에 대한 가르침

* 1 *

顔氏家訓에 曰
안 씨 가 훈   왈

夫有人民而後에 有夫婦하고
부 유 인 민 이 후   유 부 부

有夫婦而後에 有父子하고
유 부 부 이 후   유 부 자

有父子而後에 有兄弟하니
유 부 자 이 후   유 형 제

一家之親은 此三者而已矣라
일 가 지 친   차 삼 자 이 이 의

自茲以往으로 至于九族이
자 자 이 왕   지 우 구 족

皆本於三親焉이라
개 본 어 삼 친 언

故로 於人倫에 爲重也니
고   어 인 륜   위 중 야

不可不篤이니라
불 가 부 독

《 풀이 》

『안씨가훈』에 이르기를 "대체로 사람이 있은 후에 부부가 있고, 부부가 있은 후에 부자가 생겨났고, 부자가 생겨난 후에 형제가 있으니, 한 가정에 친족은 이 셋 뿐이다. 여기서부터 나아가 구족(九族)에 이르기까지는 모두가 삼친에 근본을 두고 있으므로, 이것을 인륜에 있어 가장 중요하게 여기고, 서로가 돈독하게 지내지 않으면 안될 것이다"고 하였다.

【 새김 】

부부, 부자, 형제를 삼친(三親)이라고 한다. 그 외의 가깝고 먼 친척이 다 이 삼친으로부터 비롯되는 것임을 설명한 글이다.

【 한문공부 】

- 顔 얼굴 안(頁부 9획)
  顔面(안면) : ① 얼굴. ② 서로 알만한 친분.
- 篤 도타울 독(竹부 10획)
  篤實(독실) : 인정이 두텁고 충실함.
△ 而已矣(이이의) : ~일 뿐이다.
△ 九族(구족) : 고조, 증조, 조부, 부, 본인, 아들, 손자, 증손, 현손까지의 직계친을 중심으로, 방계친으로 고조의 4대손 되는 형제 · 종형제 · 재종형제 · 삼종형제를 포함하는 동종 친족을 일컬음.
△ 本(본) : 동사로 쓰였음. 근본으로 하다.
△ 三親(삼친) : 부부, 부자, 형제를 하나로 이르는 말.
△ 焉(언) : 어조사. 也(야)와 같은 용법으로 쓰임.
△ 不可不篤(불가부독) : 돈독히 아니할 수 없다.

顔氏家訓(안씨가훈) 중국의 北齊(북제) 사람 顔之推(안지추)가 지은 책. 立身治家(입신치가)의 법을 기술하고, 세속의 잘못된 점을 지적하는 등 자손들에 대한 훈계를 목적으로 했다. 7권 20편으로 이루어져 있다.

* 2 *

> 莊子曰　兄弟는 爲手足하고
> 장자왈　형제　위수족
> 夫婦는 爲衣服이니
> 부부　위의복
> 衣服破時에 更得新이어니와
> 의복파시　갱득신
> 手足斷處엔 難可續이니라
> 수족단처　난가속

《 풀이 》

장자가 말씀하기를 "형제는 수족과 같고, 부부는 의복과 같으니, 의복이 떨어졌을 때는 새것으로 갈아입을 수 있지만, 손발이 잘린 곳은 잇기가 어렵다"고 하였다.

《 새김 》

부부 사이도 좋아야 되지만, 그것보다도 형제 사이가 더 우선되어야 한다는 뜻이다.

《 한문공부 》

- 破 깨질 파(石부 5획)
  破鏡(파경) : ① 깨어진 거울. ② 부부의 생이별.
- 斷 끊을 단(斤부 14획)
  斷念(단념) : 품었던 생각을 버림.
△ 爲手足(위수족) : 수족과 같다.

* 3 *

蘇東坡 云 富不親兮貧不疎는
소 동 파   운   부 불 친 혜 빈 불 소
此是人間大丈夫요
차 시 인 간 대 장 부
富則進兮貧則退는
부 즉 진 혜 빈 즉 퇴
此是人間眞小輩니라
차 시 인 간 진 소 배

《 풀이 》

소동파가 말씀하기를 "부유하다고 친하지 않고 가난하다고 멀리하지 않아야 사람 가운데 대장부이며, 부유하다고 그 사람과 가깝게 지내고 가난하다고 그 사람을 멀리하는 것은 사람 중의 졸장부다"고 하였다.

《 새김 》

정당한 길을 걷는 사람은 빈부(貧富)를 가지고 상대를 평가해 가까이 하거나 멀리하는 일이 없다. 그러한 사람이 정말 남자답다는 것을 강조한 글이다.

《 한문공부 》

- 坡 언덕 파(土부 5획)

  坡岸(파안) : 제방의 언덕.
- 輩 무리 배(車부 8획)

  輩出(배출) : 인재가 쏟아져 나옴.
- △ 不疎(불소) : 멀리하지 않다.
- △ 小輩(소배) : 소인배. 졸장부.

정본 명심보감
明心寶鑑

제 17 편

遵禮

꼭 지켜야 되는 예법에 대한 가르침

* 1 *

子曰　居家有禮　故로　長幼辨하고
자왈　거가유례　고　　장유변

閨門有禮　故로　三族和하고
규문유례　고　　삼족화

朝廷有禮　故로　官爵序하고
조정유례　고　　관작서

田獵有禮　故로　戎事閑하고
전렵유례　고　　융사한

軍旅有禮　故로　武功成이니라
군려유례　고　　무공성

《 풀이 》

공자가 말씀하기를 "한 가정에 예가 있으므로 어른과 어린이의 분별이 있고, 부녀자가 거처하는 방에 예가 있음으로써 삼족이 화목하며, 조정에 예가 있음으로써 벼슬에 질서가 있고, 사냥하는 데에는 예가 있어야 군사일이 굳세어지며, 군대에도 예가 있어야 무공이 이루어진다"고 하였다.

《 새김 》

예의와 법도에 맞게 부덕(婦德)을 실천해 갈 때 그 가정에 평안이 깃들 것이고, 예의가 있어야 군사일도 제대로 이루어진다는 뜻.

《 한문공부 》

• 遵 좇을 준(辵[辶]부 12획)
　遵法(준법) : 법률이나 규칙이 정한 바에 따름.
• 功 공 공(力부 3획)　　　　功績(공적) : 쌓은 공로.
△ 閨門(규문) : 부녀자가 거처하는 안방.
△ 戎事(융사) : 군사 일.

* 2 *

子曰
자 왈
君子가 有勇而無禮면 爲亂하고
군 자   유 용 이 무 례   위 란
小人이 有勇而無禮면 爲盜니라
소 인   유 용 이 무 례   위 도

《 풀이 》

공자가 말씀하기를 "군자가 용맹만 있고 예의 없으면 세상을 어지럽게 하고, 소인에게 용맹만 있고 예의가 없으면 도둑이 될 것이다" 하였다.

《 새김 》

군자가 용맹만 있고 예의가 없다면 행동이 거칠어져 세상을 어지럽게 만들고, 소인이 용맹만 있고 예의가 없다면 도둑이 되기 쉽다는 뜻이다.

《 한문공부 》

- 勇 날랠 용(力부 7획)
  勇戰(용전) : 용맹한 싸움.
- 亂 어지러울 란(乙부 12획)
  亂立(난립) : 후보자들이 한꺼번에 여럿이 나섬.
- △ 無禮(무례) : 예의가 없는 것.
- △ 爲亂(위란) : 세상을 어지럽히다.

* 3 *

曾子曰　朝廷엔　莫如爵이요
증자왈　조정　　막여작

鄕黨엔　莫如齒요
향당　　막여치

輔世長民엔　莫如德이니라
보세장민　　막여덕

《 풀이 》

증자가 이르기를 "조정에는 작위보다 더 좋은 것이 없고, 한 고을에는 나이가 많은 사람보다 더 나은 것이 없으며, 나라일을 훌륭히 하고 백성을 다스리는 것에는 덕만한 것이 없다"고 하였다.

《 새김 》

백성을 잘 살게 하고 올바른 길로 인도하는 데는 덕이 가장 중요한 것이라는 뜻.

《 한문공부 》

- 曾 일찍 증(曰부 8획)

  曾孫(증손) : 아들의 손자.
- 輔 도울 보(車부 7획)

  輔弼(보필) : 일을 도움. 또는 그 사람.
△ 齒(치) : 나이.
△ 長民(장민) : 백성을 잘 살 수 있게 인도해 나가는 것.
△ 莫如(막여) : ~만한 것이 없다.

曾子(증자) 중국 春秋(춘추)시대 魯(노)나라의 사상가. 이름은 參(삼). 공자의 제자로 효행이 높았다.

* 4 *

老少長幼는 **天分秩序**이니
노 소 장 유   천 분 질 서

不可悖理而傷道也이니라
불 가 패 리 이 상 도 야

《 풀이 》

노인과 젊은이, 어른과 어린이는 하늘이 나눈 순서이니, 이 이치를 어기고 도덕을 상하게 해서는 안될 것이다.

《 새김 》

長幼有序(장유유서)는 오륜 중 하나다. 나이 어린 사람이 윗어른을 공경하는 것은 하늘이 정해 준 질서라는 것을 강조한 글.

《 한문공부 》

- 秩 차례 질(禾부 5획)
  秩序(질서) : 사물의 바른 순서. 차례.
- 悖 어그러질 패(小부 7획)
  悖倫(패륜) : 인륜(人倫)에 어긋남.
- △ 天分(천분) : 하늘이 정해 준 것.
- △ 悖理(패리) : 도리에 어긋나다.

* 5 *

出門如見大賓하고
출 문 여 견 대 빈
入室如有人이니라
입 실 여 유 인

《 풀이 》

밖에 외출할 때는 큰 손님을 만나는 것처럼 하고, 방안에 와서는 혼자 있어도 안에 다른 사람이 있는 것처럼 하라.

《 새김 》

외출할 시는 행동을 예의 바르게 하고, 또 집에 들어와서 혼자 있을지라도 옆에 다른 사람이 있는 것처럼 마음과 행동을 가져야 한다는 뜻이다.

《 한문공부 》

- 出 날 출(凵부 3획)
  出納(출납) : 돈, 물품 등을 내어 주거나 받아들임.
- 如 같을 여(女부 3획)
  如意(여의) : 뜻대로 함.
- △ 大賓(대빈) : 큰 손. 귀한 손님.
- △ 如有人(여유인) : 사람이 있는 것같이 하다.

* 6 *

若要人重我면 無過我重人이니라
약 요 인 중 아   무 과 아 중 인

《 풀이 》

만약 남이 나를 소중하게 생각하기를 바란다면 내가 먼저 남을 소중히 생각하는 것보다 더한 것이 없다.

《 새김 》

내가 먼저 상대방을 소중하게 여기면 상대방도 나를 소중히 여길 것이라는 뜻이다.

《 한문공부 》

- 若 만약 약(++부 5획)

  若干(약간) : 얼마 되지 아니함.
- 重 무거울 중(里부 2획)

  重態(중태) : 병이 위급한 상태.

△ 要(요) : 바라다. 원하다.

△ 重(중) : 타동사로 쓰임. 중히 여기다.

△ 無過(무과) : 더 나은 것이 없다. 더 좋은 것이 없다.

* 7 *

父不言子之德하며
부 불 언 자 지 덕
子不談父之過니라
자 부 담 부 지 과

《 풀이 》

아버지는 그 아들의 덕을 말하지 말고, 아들은 그 아버지의 허물을 말하지 않아야 한다.

《 새김 》

아버지가 그 자식을 자랑하면 옛날부터 팔불출에 속한다고 했으며, 자식이 아버지 허물을 말하는 일은 하늘을 향하여 침을 뱉는 것과 같다고 하는 뜻.

《 한문공부 》

• 德 큰 덕(彳부 12획)
  德談(덕담) : 잘 되기를 비는 말.
• 談 말씀 담(言부 8획)
  談判(담판) : 쌍방이 어떤 결말을 짓기 위하여 논의함.
△ 不談(부담) : 이야기하지 않다.
△ 過(과) : 허물.

제 18 편

言語

올바른 언어생활에 대한 가르침

* 1 *

劉會曰
유 회 왈
言不中理면 不如不言이니라
언 부 중 리   불 여 불 언

〖 풀이 〗

유회가 말씀하기를 "말이 이치에 맞지 않으면 차라리 말하지 않은 것만 못하다"고 하였다.

〖 새김 〗

이치에 닿지 않는 말을 할 바에야, 차라리 말하지 않는 것이 낫다는 뜻.

〖 한문공부 〗

- 會 모일 회(曰부 9획)
  會見(회견) : 서로 만나 봄.
- 理 다스릴 리(王부 7획)
  理想(이상) : 노력하여 도달하여야 할 최고의 목표.

△ 不中理(부중리) : 이치에 맞지 않다.
△ 不如(불여) : ~만 같지 못하다.

劉會(유회) 어떤 인물인지 모른다.

* 2 *

一言不中이면 **千語無用**이니라
일 언 부 중　　　천 어 무 용

《 풀이 》

한 마디 말이 이치에 맞지 않으면 천 마디 말도 쓸 데가 없다.

《 새김 》

한 마디 말이 이치에 맞지 않으면 천 마디 말인들 무슨 소용이 있겠는가 하는 뜻.

《 한문공부 》

- 中 가운데, 들어맞을 중(亅부 3획)
  命中(명중) : 겨냥한 곳에 들어맞음.
- 用 쓸 용(用부 0획)
  用例(용례) : 무엇의 사용을 보여 주는 예.
△ 千語(천어) : 천 마디 말.
△ 無用(무용) : 소용없다. 쓸데없다.

* 3 *

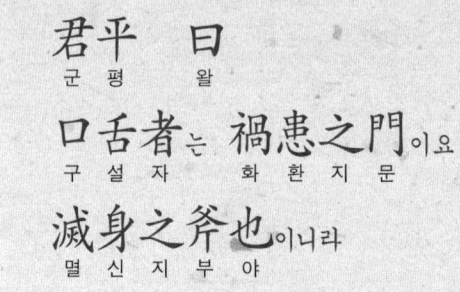

【 풀이 】

군평이 말씀하기를 "입과 혀는 화와 근심의 문이며, 몸을 망치는 도끼와 같은 것이다"고 하였다.

【 풀이 】

우리가 삼가고 조심해야 할 것은 입과 혀라는 것을 마음에 새겨 두어야 한다는 뜻이다.

【 한문공부 】

- 患 근심 환(心부 7획)
  患亂(환란) : 재난. 병란(兵亂).
- 滅 멸망할 멸(氵부 10획)
  滅亡(멸망) : 아주 망하는 것.
△ 者(자) : ① ~것은. ② ~자, 사람. 여기서는 ①의 뜻임.
△ 禍患(화환) : 재앙과 근심.

君平(군평) 어떤 인물인지 모른다.

* 4 *

利人之言은 煖如綿絮하고
이인지언   난여면서

傷人之語는 利如荊棘하여
상인지어   이여형극

一言半句가 重値千金이요
일언반구   중치천금

一語傷人에 痛如刀割이니라
일어상인   통여도할

《 풀이 》

남을 이롭게 하는 말은 그 따뜻함이 솜과 같고, 사람을 상처 입게 하는 말은 그 날카로움이 가시와 같으므로 한 마디 말은 그 무게가 천금과도 같고, 한 마디 말이 사람을 상함은 아프기가 날카로운 칼로 베는 것과도 같다.

《 풀이 》

말이란 상대방의 가슴에 상처를 낼 수도 있고, 희망과 용기를 줄 수도 있어서 말이 남에게 끼치는 해악을 무시하지 말라는 뜻.

《 한문공부 》

• 綿 솜 면(糸부 8획)
  綿密(면밀) : 자세하고 빈틈이 없음.
• 荊 가시 형(艹부 6획)
  荊棘(형극) : ① 가시. ② 고초나 난관의 비유.
△ 利人(이인) : 남을 이롭게 하다.
△ 刀割(도할) : 칼로 베다.

제 18 편 **언어(言語)**

5

口是傷人斧요 言是割舌刀니
구 시 상 인 부　　언 시 할 설 도
閉口深藏舌이면 安身處處牢니라
폐 구 심 장 설　　안 신 처 처 뢰

《 풀이 》

입은 타인을 상하게 하는 도끼요, 말은 혀를 베는 칼이니, 입을 막고 혀를 깊이 감추면 몸이 어느 곳에 있어도 편안할 것이다.

《 새김 》

말을 삼가할 것을 강조한 글이다.

《 한문공부 》

- 割 가를 할(刀〔刂〕부 10획)
  割當(할당) : 몫을 갈라 나눔. 또는 그 몫.
- 閉 닫을 폐(門부 3획)
  閉幕(폐막) : 연극을 마치고 막을 내림.
- 舌 혀 설(舌부 0획)
  舌戰(설전) : 말다툼.

△ 割舌刀(할설도) : 혀를 베는 칼
△ 牢(뢰) : 견고하다.

* 6 *

逢人且說三分話하되
봉 인 차 설 삼 분 화
未可全抛一片心이니
미 가 전 포 일 편 심
不怕虎生三個口요
불 파 호 생 삼 개 구
只恐人情兩樣心이니라
지 공 인 정 양 양 심

《 풀이 》

사람을 만나거든 공손하게 말하되 세 마디만 하고, 자기가 지니고 있는 한 조각 마음까지 다 던지지 말라. 호랑이에게 세 입이 있는 것을 두려워하기보다 오직 사람의 두 마음을 두려워 해야 한다.

《 새김 》

사람의 두 마음이 입이 세 개나 있는 호랑이보다도 더 두려운 존재라는 것을 비유하는 글.

《 한문공부 》

• 逢 만날 봉(走[辶]부 7획)

　逢變(봉변) : ① 남에게 욕을 봄. ② 뜻밖에 변을 당함.

• 抛 던질 포(扌부 5획)

　抛擲(포척) : 내던짐. 상관하지 않음.

△ 且說(차설) : 또 말을 하다. 잠깐 말하다.

△ 三分話(삼분화) : 할 이야기가 열 마디 있다면 그 가운데 세 마디만 함.

△ 兩樣心(양양심) : 두 가지 마음.

* 7 *

酒逢知己千鍾少요
주 봉 지 기 천 종 소
話不投機一句多니라
화 불 투 기 일 구 다

《 풀이 》

술은 자기를 알아주는 친한 친구를 만나면 천 잔도 적고, 말은 뜻이 맞지 않으면 한 마디도 많은 것이다.

《 새김 》

마음이 통하지 않는 사람하고는 한마디 말도 하고 싶지 않다. 말 자체가 필요없다는 뜻.

《 한문공부 》

- 鍾 술잔 종(金부 12획)
  鍾鉢(종발) : 작은 보시기.
- 機 베틀 기(木부 12획)
  機密(기밀) : 중요하고 비밀한 일.
△ 千鍾(천종) : 천 잔.
△ 投機(투기) : 의사가 서로 통한다.

제 19 편

交友

교우

진정한 벗 사귀기에 대한 가르침

* 1 *

子曰
자왈

與善人居면 如入芝蘭之室하여
여선인거 여입지란지실

久而不聞其香하되 卽與之化矣요
구이불문기향   즉여지화의

與不善人居면 如入鮑魚之肆하야
여불선인거 여입포어지사

久而不聞其臭하되 亦與之化矣니
구이불문기취   역여지화의

丹之所藏者는 赤하고
단지소장자   적

漆之所藏者는 黑이라
칠지소장자   흑

是以로
시이

君子는 必愼其所與處者焉이니라
군자   필신기소여처자언

《풀이》

공자가 말씀하기를 "선한 사람과 같이 살면 향기로운 지초와 난초가 있는 방 안에 들어간 것과 같아서 오랫 동안 그 향취를 맡지 않아도 곧 더불어 동화되고, 선하지 않은 사람과 함께 있으면 마치 절인 생선가게에 있는 것과 같아서 오랫 동안 그 나쁜 냄새를 맡지 않아도 또한 더불어 동화된다. 단사를 지니면 붉어지고, 옻을 지니면 검어지니 군자는 반드시 그와 함께 있을 자를 삼가야 한다"고 하였다.

《 새김 》

나쁜 친구와 어울리면 언젠가는 나쁘게 되고, 좋은 친구와 어울리면 그 친구에 동화되어 반드시 착한 사람이 될 것이라는 뜻.

《 한문공부 》

- 芝 지초 지(艹부 4획)

  芝蘭(지란) : 지초와 난초.

- 鮑 절인 어물 포(魚부 5획)

  鮑魚(포어) : 건어물.

- 臭 냄새 취(自부 4획)

  臭氣(취기) : 고약한 냄새.

△ 與(여) : 더불어.

△ 與之化(여지화) : 그것과 더불어 동화되다.

△ 肆(사) : 가게.

△ 所與處者(소여처자) : 더불어 함께 있을 사람.

* 2 *

家語(가어)에 云(운)
與好學人同行(여호학인동행)이면 如霧中行(여무중행)하여
雖不濕衣(수불습의)라도 時時有潤(시시유윤)하고
與無識人同行(여무식인동행)이면 如厠中坐(여측중좌)하여
雖不汚衣(수불오의)라도 時時聞臭(시시문취)니라

《 풀이 》

『가어』에 이르기를 "학문을 좋아하는 사람과 동행하면 마치 안개 속을 가는 것과 같아서 비록 옷이 젖지 않아도 때때로 물기가 배어들고, 무식한 사람과 동행하면 마치 뒷간에 앉은 것과 같아서 비록 옷은 더럽혀지지 않지만 때때로 그 냄새가 나는 것이다"고 하였다.

《 새김 》

누구나 친구를 사귀는 데는 상대를 잘 가려 신중히 해야 한다는 뜻.

《 한문공부 》

- 霧 안개 무(雨부 11획)
  霧笛(무적) : 안개로 충돌을 막기 위해 울리는 배의 경적.
- 濕 젖을 습(氵부 14획)
  濕疹(습진) : 피부에 물집 따위가 생기는 염증.
- 潤 젖을 윤(氵부 12획)
  潤澤(윤택) : 기름기가 돌아 아름답게 번지르르함.

△ 濕衣(습의) : 옷을 적시다.　　　△ 聞臭(문취) : 냄새를 맡다.

* 3 *

> 子曰 晏平仲은 善與人交로다
> 자왈 안평중 선여인교
> 久而敬之오녀
> 구 이 경 지

《 풀이 》

공자가 말씀하기를 "안평중은 사람 사귀기를 잘한다. 오래도록 변함없이 공경했다"고 하였다.

《 새김 》

제나라 재상 晏嬰(안영)이 남과 사귀기를 잘하는 것을 칭찬한 글.

《 한문공부 》

- 晏 늦을 안(日부 6획)
  晏眠(안면) : 아침 늦게까지 늦잠을 잠.
- 仲 버금 중(亻부 4획)
  仲媒(중매) : 혼인을 맺도록 양쪽을 주선하는 일. 중신.
- △ 久而敬之(구이경지) : 오랫동안 변함없이 공경하다.

晏平仲(안평중) B. C ?~500. 중국 春秋(춘추)시대 제(齊)나라의 재상. 이름은 영(嬰). 景公(경공)을 도와 제나라의 번영을 가져왔으며, 그의 언행은 공자에게도 많은 영향을 주었다. 平仲(평중)은 그의 호이며, 존칭은 晏子(안자).

※ 4 ※

相識이 滿天下하되
상 식   만 천 하
知心이 能幾人고
지 심   능 기 인

《 풀이 》

서로 얼굴을 아는 사람은 온 세상에 많으나, 마음을 헤아릴 수 있는 사람은 몇 사람이나 되겠는고?

《 새김 》

우리 속담에 "열 길 물 속은 알 수 있으나, 사람의 마음 속은 알기가 어렵다"와 같으며, 허심탄회하게 이야기할 수 있는 벗을 사귀는 것은 쉬운 일이 아니라는 뜻.

《 한문공부 》

- 相 서로 상(木부 4획)
  相半(상반) : 서로 절반씩임. 비슷비슷함.
- 識 알 식(言부 12획)
  識見(식견) : 사물의 진상을 분별하여 아는 능력＝見識(견식)
△ 能幾人(능기인) : 몇 사람이나 되겠는가. 얼마 되지 않는다는 뜻.

* 5 *

酒食兄弟는 千個有로되
주 식 형 제　　천 개 유

急難之朋은 一個無니라
급 난 지 붕　　일 개 무

《 풀이 》

술과 음식을 함께 하는 형제는 천 명이나 되지만, 매우 위급하고 어려운 고비 때 도와 줄 친구는 한 사람도 없다.

《 새김 》

음식을 나누어 먹을 친구는 많으나 내가 어려운 고비에 있을 때 도와 줄 친구는 없다는 뜻.

《 한문공부 》

- 難 어려울 난(隹부 11획)

    難關(난관) : 수월하게 넘기기 어려운 일이나 고비.

- 朋 벗 붕(月부 4획)

    朋友(붕우) : 벗. 친구.

△ 急難之朋(급난지붕) : 위급하고 고난이 닥쳐왔을 때 서로 원조하는 친구.

* 6 *

不結子花는 休要種이요
불 결 자 화   휴 요 종
無義之朋은 不可交니라
무 의 지 붕   불 가 교

【 풀이 】

열매를 맺지 못하는 꽃은 심지 말고, 의리가 없는 벗은 사귀지 말라.

【 새김 】

친구를 잘 분별해 사귀라는 글.

【 한문공부 】

- 義 의로울 의(羊부 7획)

  義足(의족) : 사람이 만들어 붙인 나무나 고무의 발.
- 可 옳을 가(口부 2획)

  可票(가표) : 찬성을 나타내는 표.

△ 不結(불결) : 맺지 않다.

△ 子(자) : 열매. 씨.

△ 休要(휴요) : 하지 말라. 필요가 없다.

△ 種(종) : 심다.

※ 7 ※

君子之交(군자지교)는 淡如水(담여수)하고
小人之交(소인지교)는 甘若醴(감약예)니라

《 풀이 》

군자와 사귐은 물처럼 맑고, 소인의 사귐은 단술과 같다.

《 새김 》

소인의 사귐은 당장에는 달콤하나 금방 상하고 마는 단술과 같다는 뜻.

《 한문공부 》

- 淡 담백할 담(氵부 8획)
  淡泊(담박) : ① 새뜻함. 시원스러움. ② 깨끗함.
- 甘 달 감(甘부 0획)
  甘露(감로) : 단 이슬.
- △ 淡如水(담여수) : 물처럼 맑은 것.
- △ 醴(예) : 단술.

8

路遙知馬力이요　日久見人心이니라
노 요 지 마 력　　　일 구 견 인 심

《 풀이 》

길이 멀어야 말[馬]의 힘을 알고, 세월이 오래 지나야 사람의 마음을 헤아릴 수 있다.

《 새김 》

사람의 마음을 말의 힘에 비교한 글이다.

《 한문공부 》

- 遙 멀 요(辶부 10획)
  遙遠(요원) : 아득히 멂.
- 久 오랠 구(丿부 2획)
  久遠(구원) : 길고 오램. 아득히 멀고 오램.
△ 馬力(마력) : 말의 힘.
△ 日久(일구) : 기나긴 세월.

제 20 편

婦行

부행

아내의 올바른 행실에 대한 가르침

* 1 *

益智書에 云 女有四德之譽하니
익지서 운 여유사덕지예
一曰婦德이요 二曰婦容이요
일왈부덕 이왈부용
三曰婦言이요 四曰婦工也니라
삼왈부언 사왈부공야

《 풀이 》

『익지서』에 이르기를 "여자에게는 네 가지 덕의 아름다움이 있으니 첫째는 부덕이요, 둘째는 용모요, 셋째는 말씨요, 넷째는 솜씨이다" 라 하였다.

《 새김 》

부덕, 용모, 말씨, 솜씨의 네 가지를 말한 글이다.

《 한문공부 》

- 益 더할 익(皿부 5획)

  益友(익우) : 사귀어서 유익한 친구.
- 譽 기릴 예(言부 14획)

  名譽(명예) : 명성과 영예.

△ 譽(예) : 아름다움.

△ 婦德(부덕) : 부녀자의 덕행.

* 2 *

婦德者는 不必才名絶異요
부덕자　불필재명절이

婦容者는 不必顔色美麗요
부용자　불필안색미려

婦言者는 不必辯口利詞요
부언자　불필변구리사

婦工者는 不必技巧過人也니라
부공자　불필기교과인야

《 풀이 》

부덕이라는 것은 반드시 재주있다고 평판이 뛰어남을 말하는 것이 아니요, 용모는 반드시 얼굴이 곱고 아름다움이 아니요, 말씨는 반드시 입담이 좋아 말을 잘함이 아니요, 솜씨는 반드시 손재주가 다른 사람보다 뛰어남을 말하는 것은 결코 아니다.

《 새김 》

사덕(四德)에 대해 더 상세하게 쓴 글.

《 한문공부 》

- 才 재주 재(才부 0획)
  才幹(재간) : 재주와 간능(幹能).
- 異 다를 이(田부 6획)
  異彩(이채) : 특별히 다른 빛깔.
- △ 利詞(이사) : 말을 잘 한다.
- △ 過人(과인) : 남보다 뛰어나다. 사람을 지나치다.

其婦德者는 清貞廉節하여
기부덕자　청정렴절

守分整齊하고　行止有恥하며
수분정제　　　행지유치

動靜有法이니　此爲婦德也요
동정유법　　　차위부덕야

婦容者는 洗浣塵垢하여
부용자　세완진구

衣服鮮潔하며　沐浴及時하여
의복선결　　　목욕급시

一身無穢니　此爲婦容也요
일신무예　　차위부용야

婦言者는 擇師而說하여
부언자　택사이설

不談非禮하고　時然後言하여
부담비례　　　시연후언

人不厭其言이니　此爲婦言也요
인불염기언　　　차위부언야

婦工者는 專勤紡績하고
부공자　전근방적

勿好暈酒하며　供具甘旨하여
물호운주　　　공구감지

以奉賓客이니　此爲婦工也니라
이봉빈객　　　차위부공야

《 풀이 》

부덕이라는 것은 마음이 맑고 절개가 곧으며, 염치있고 절도있어 몸가짐을 고르게 하며, 행동거지에 수줍음이 있고, 동정에 법도가 있는 것이니, 이것이 곧 부덕이다.

부용이라는 것은 먼지나 때를 깨끗이 씻어 옷차림을 정결하게 하며, 목욕을 제때에 하여 한 몸에 더러움이 없는 것이니, 이것이 부용이다.

부언이라는 것은 남이 본받을 만한 말을 선택해서 하고, 예의에 어긋나는 말을 하지 말며, 당연히 해야 할 때에 말해서 사람들이 그 말을 싫어하지 않는 것이니, 이것이 곧 부언이다.

부공이라는 것은 길쌈을 부지런히 하며, 술 빚기를 좋아하지 말고, 좋은 맛을 갖추어서 손님을 대접하는 것이니, 이것이 바로 부공이다.

《 새김 》

부녀자가 반드시 지켜야 할 네 가지 덕을 상세히 설명한 글.

《 한문공부 》

- 貞 곧을 정(貝부 2획)

 貞淑(정숙) : 여자로서 행실이 곧고 마음씨가 고움.

- 塵 먼지 진(土부 11획)

 塵埃(진애) : 티끌과 먼지.

- 厭 싫을 염(厂부 12획)

 厭症(염증) : 싫증.

△ 時然後言(시연후언) : 때가 된 뒤에 말한다.

△ 暈酒(운주) : 술 빚는 것.

∗4∗

此四德者는 是婦人之所不可缺者라
차 사 덕 자   시 부 인 지 소 불 가 결 자
爲之甚易하고 務之在正하니
위 지 심 이   무 지 재 정
依此而行이면 是爲婦節이니라
의 차 이 행   시 위 부 절

《 풀이 》

이 네 가지 덕은 부녀자로서 하나도 빠져서는 안될 것이다. 행하기 매우 쉽고 이를 힘씀이 바른 데 있으니, 여기에 따라간다면 이것이 바로 부녀자로서의 범절이 되는 것이다.

《 새김 》

부녀자의 범절이란 바로 이 네 가지를 이행하는 데 있는 까닭을 설명한 글.

《 한문공부 》

- 缺 이지러질 결(缶부 4획)
  缺乏(결핍) : 모자람.
- 依 의지할 의(亻부 6획)
  依託(의탁) : 부탁함. 의지하여 맡김.
△ 不可缺(불가결) : 없어서는 안되다.

* 5 *

太公曰 婦人之禮는 語必細니라
태공 왈 부인지예 어필세

《 풀이 》

태공이 이르기를 "부인의 예절은 그 말이 반드시 곱고 가늘어야 한다"고 하였다.

《 새김 》

여자의 말소리는 조용하고 고와야 한다는 것을 강조한 글.

《 한문공부 》

- 太 클 태(大부 1획)

  太祖(태조) : 초대 임금.

- 細 가늘 세(糸부 5획)

  細胞(세포) : 생물체를 이루는 기본단위로 한 세포질.

△ 語必細(어필세) : 말이 반드시 가늘어야 한다.

* 6 *

賢婦는 令夫貴요
현 무   영 부 귀
惡婦는 令夫賤이니라
악 부   영 부 천

《 풀이 》

어진 부인은 남편을 귀하게 만들고, 악한 부인은 남편을 천하게 만든다.

《 새김 》

가정에서 아내가 매우 소중하다는 것을 역설한 글.

《 한문공부 》

- 賢 어질 현(貝부 8획)
  賢良(현량) : 어질고 착함.
- 賤 천할 천(貝부 8획)
  賤視(천시) : 업신여김. 천하게 여김.

△ 賢婦(현부) : 어진 아내.
△ 令(령) : ~하여금 ~하게 하다.

* 7 *

家有賢妻면 夫不遭橫禍니라
가 유 현 처   부 부 조 횡 화

《 풀이 》

가정에 어진 아내가 있으면, 그 남편이 재앙을 만나지 않는다.

《 새김 》

가정에서 아내의 역할이 중요함을 강조한 글.

《 한문공부 》

- 遭 만날 조(辵[辶]부 11획)
  遭難(조난) : 재난을 만남.
- 橫 빗길, 거스릴 횡(木부 12획)
  橫厄(횡액) : 뜻밖의 재액.
△ 橫禍(횡화) : 뜻밖의 재앙.

* 8 *

賢婦는 和六親하고
현부   화 육 친
佞婦는 破六親이니라
영부   파 육 친

《 풀이 》

어진 아내는 육친을 화목하게 하고, 간악한 아내는 육친의 화목을 깨뜨린다.

《 새김 》

친척을 화목하게 하는 것은 어진 아내이고, 친족간의 불화를 조장하는 것은 악처라는 글.

《 한문공부 》

- 破 깨뜨릴 파(石부 5획)
  破婚(파혼) : 약혼을 파함.
- 親 친할 친(見부 9획)
  親善(친선) : 서로 친하여 사이가 좋음.
△ 六親(육친) : 가까운 친척.
△ 佞婦(영부) : 간악한 아내.

제 21 편

增補

덧붙이는 가르침

* 1 *

周易(주역)에 曰(왈)
善不積(선부적)이면 不足以成名(부족이성명)이요
惡不積(악부적)이면 不足以滅身(부족이멸신)이어늘 小人(소인)은
以小善(이소선)으로 爲无益而弗爲也(위무익이불위야)하고
以小惡(이소악)으로 爲无傷而弗去也(위무상이불거야)니라
故(고)로 惡積而不可掩(악적이불가엄)이요
罪大而不可解(죄대이불가해)니라

《 풀이 》

『주역』에 이르기를 "선을 쌓지 않으면 이름을 이룰 수 없고, 악을 쌓지 않으면 족히 몸을 망치지 않을 것을. 소인은 조그마한 선으로는 이익이 없다고 해서 행하지 않고, 조그마한 악으로는 해로움이 없다 하여 버리지 않는다. 그러므로 악이 쌓이면 쉽게 없애지 못할 것이요, 죄가 크면 쉽게 풀지 못한다."

《 새김 》

작은 선악이라도 깊이 생각해서 행동해야 한다는 뜻.

《 한문공부 》

- 增 더할 증(土부 12획)   增築(증축) : 건축물을 더 늘려 지음.
- 掩 가릴 엄(扌부 8획)   掩蔽(엄폐) : 보이지 않도록 가리어 숨긴다.

△ 无(무) : 無(무).

2

履霜하면 堅氷至라 하니 臣弑其君하며
이 상　　　견 빙 지　　　　신 시 기 군

子弑其父가 非一旦一夕之事라
자 시 기 부　　비 일 단 일 석 지 사

其由來者漸矣니라
기 유 래 자 점 의

《 풀이 》

서리를 밟으면 굳은 얼음이 얼 때가 올 것이니, 신하가 그 임금을 죽이고 자식이 그 아비를 죽이는 것은 하루 아침이나 하루 저녁에 되는 일이 아니라, 오래 전부터 그 까닭이 점점 다가온 때문이다.

《 새김 》

원한으로 윗사람을 살해하는 것은 그 원한이 차곡차곡 쌓이다 어느 순간 폭발한 것이다. 그러므로 선행을 많이 실천해서 착한 업을 쌓아 두는 것이 중요함을 깨닫게 하는 글.

《 한문공부 》

- 霜 서리 상(雨부 9획)
  霜降(상강) : ① 서리가 옴. ② 24절기의 하나.
- 弑 죽일 시(戈부 10획)
  弑害(시해) : 부모나 임금을 죽임.
- 旦 아침 단(日부 1획)
  明旦(명단) : 설날 아침＝元旦(원단)

△ 堅氷(견빙) : 굳은 얼음.
△ 一旦一夕(일단일석) : 하루아침이나 하루저녁.

정본 명심보감
明心寶鑑

제 22 편

八反歌

팔반가

어버이를 정성껏 봉양하라는 노래 8편

* 1 *

> 幼兒或詈我하면　我心에　覺懽喜하고
> 유 아 혹 리 아　　아 심　　각 환 희
>
> 父母嗔怒我하면　我心에　反不甘이라
> 부 모 진 노 아　　아 심　　반 불 감
>
> 一懽喜一不甘하니
> 일 환 희 일 불 감
>
> 待兒待父心何懸고
> 대 아 대 부 심 하 현
>
> 勸君今日逢親怒어든
> 권 군 금 일 봉 친 노
>
> 也應將親作兒看이니라
> 야 응 장 친 작 아 간

《 풀이 》

어린 아이가 혹시 나를 꾸짖으면 내 마음은 기쁨을 느끼나, 부모가 나에게 화를 내면 나의 마음은 도리어 언짢아진다. 한쪽은 기쁘고 한쪽은 언짢으니, 아이를 대하는 마음과 부모를 대하는 마음이 어찌 이렇게도 다른가. 그대에게 권고하노니, 지금 어버이로부터 꾸지람을 듣거든 어버이도 반드시 자기의 어린 자식에게 꾸지람을 들을 때와 같이 하라.

《 새김 》

부모님 섬기기를 자식 사랑하는 것과 같은 마음으로 섬기면 효자 노릇할 수 있다는 뜻.

《 한문공부 》

- 覺 깨달을 각(見부 13획)

  覺醒(각성) : 잘못을 깨달음.

- 懸 달 현(心부 16획)

  懸賞(현상) : 상금을 걸어 찾는 일.

- 勸 권할 권(力부 18획)

  勸誘(권유) : 권하고 이끎.

△ 罵(이) : 꾸짖다.

△ 嗔怒(진노) : 화를 내다.

△ 懸(현) : 차이가 큰 것.

△ 也應(야응) : 또한 ~인 것처럼 하다.

△ 逢親怒(봉친노) : 부모의 노여움을 만나거든.

△ 將親(장친) : 어버이를.

제 22 편 **팔반가(八反歌)** _ 345

* 2 *

兒曹(아조)는 出千言(출천언)하되　君聽常不厭(군청상불염)하고
父母(부모)는 一開口(일개구)하면　便道多閑管(변도다한관)이라
非閑管親掛牽(비한관친괘견)이라
皓首白頭(호수백두)에 多諳諫(다암간)이라
勸君敬奉老人言(권군경봉노인언)하고
莫敎乳口爭長短(막교유구쟁장단)하라

【 풀이 】

어린 자식들은 많은 말을 시도 때도 없이 하지만, 그대는 항상 듣기를 싫어하지 않는데, 부모는 한번 말을 하여도 잔소리가 심하다고 생각한다. 그러나 이것은 잔소리가 아니니, 부모는 근심이 되어서 그렇게 말하는 것이다. 부모는 흰머리가 되도록 긴 세월을 살아서 아는 것이 많은 것이다. 그대에게 권하노니 노인의 말을 공경하여 받들고, 젖냄새 나는 입으로 옳거니 그르거니 다투지 말라.

【 새김 】

자식 대하는 마음과 부모 대하는 마음의 다름을 설명한 글이다.

《 한문공부 》

- 掛 걸 괘 (扌부 8획)

  掛圖(괘도) : 벽 등에 걸게 되어 있는 학습용 그림이나 지도.

- 皓 흴 호 (白부 7획)

  皓齒(호치) : 흰 이.

△ 兒曹(아조) : 어린 자식 등.

△ 便(변, 편) : ① 문득, 곧 변. ② 편리할 편.

△ 閑管(한관) : 쓸데없이 남의 일에 간섭하다.

△ 掛牽(괘견) : 걱정하다. 걱정하고 이끌다.

△ 皓首(호수) : 머리털이 하얗게 센 것.

△ 諳諫(암간) : 도움이 되는 말.

* 3 *

乳兒尿糞穢는 君心에 無厭忌로되
유 아 뇨 분 예　　군 심　　무 염 기

老親涕唾零에 反有憎嫌意니라
노 친 체 타 영　　반 유 증 혐 의

六尺軀來何處요 父精母血成汝體
육 척 구 래 하 처　　부 정 모 혈 성 여 체

라 勸君敬待老來人하라
　　권 군 경 대 노 래 인

壯時爲爾筋骨敝니라
장 시 위 이 근 골 폐

《 풀이 》

어린 아이의 오줌과 똥같은 더러운 것은 그대 마음에 싫어하지도 꺼리지도 않으면서, 늙은 어버이의 눈물과 침이 떨어지는 것은 도리어 미워하고 싫어하는구나. 그대의 여섯 자 몸은 어디에서 왔는가. 아버지의 정기와 어머니의 피로써 그대의 몸이 이루어졌느니라. 그대에게 권하노니, 늙어가는 사람을 공경하여 대접하라. 젊었을 때 그대를 위하여 살과 뼈가 닳도록 애를 쓰셨느니라.

《 새김 》

부모는 젊은 시절 자식을 살과 뼈가 닳도록 고생해서 키웠던 것이니 부디 효도에 힘쓰라는 뜻.

《 한문공부 》

- 唾 침 타(口부 8획)　　　唾液(타액) : 침 = 口液(구액).
- 筋 힘줄 근(竹부 6획)　　筋肉(근육) : 힘살.

△ 尿糞穢(뇨분예) : 오줌 똥의 더러운 것.
△ 筋骨敝(근골폐) : 힘줄과 뼈가 닳아 빠지다.

* 4 *

看君晨入市하여　買餠又買餻하니
간 군 신 입 시　　매 병 우 매 고

少聞供父母하고　多說供兒曹라
소 문 공 부 모　　다 설 공 아 조

親未啖兒先飽하니　子心이
친 미 담 아 선 포　　자 심

不比親心好라　勸君多出買餠錢하여
불 비 친 심 호　　권 군 다 출 매 병 전

供養白頭光陰少하라
공 양 백 두 광 음 소

《풀이》

그대가 새벽에 시장에 들어가서 떡을 사는 것을 보았는데, 부모에게 드린다는 것은 별로 듣지 못하고 흔히 자식들에게 사준다는 말을 들었다. 어버이는 아직 삼키지도 않았는데 아이는 벌써 배가 부르니, 자식의 마음을 어버이의 마음이 좋아하는 것에 비하지 못하리라. 그대에게 권하노니, 떡 살 돈을 많이 내어 사실 날도 얼마 남지 않은 늙은 어버이를 잘 받들어 봉양하라.

《새김》

내리사랑은 있어도 치사랑은 없다는 것을 표현한 글이다.

《한문공부》

- 晨 새벽 신(日부 7획)
  晨省(신성) : 아침 일찍 부모의 침소에 가 밤 사이의 안부를 살피는 일.
- 餠 떡 병(食부 6획)　　餠店(병점) : 떡파는 가게.
  △ 晨(신) : 새벽.
  △ 餻(고) : 흰 떡.　　△ 啖(담) : 씹다.

제 22 편 팔반가(八反歌) _ 349

* 5 *

市間賣藥肆에 惟有肥兒丸하고
시 간 매 약 사 유 유 비 아 환

未有壯親者하니 何故兩般看고
미 유 장 친 자 하 고 양 반 간

兒亦病親亦病에 醫兒不比醫親症
아 역 병 친 역 병 의 아 불 비 의 친 증

이라 割股라도 還是親的肉이니
     할 고   환 시 친 적 육

勸君亟保雙親命하라
권 군 극 보 쌍 친 명

【 풀이 】

시장에 있는 약 파는 가게에 오직 아이를 살찌게 하는 약은 있고 어버이를 튼튼하게 하는 약은 없으니, 무슨 까닭으로 이 두 가지를 차별하는가. 아이도 병들고 어버이도 또한 병들었는데, 아이 고치는 일을 어버이 고치는 일과 비교할 것인가. 다리살을 베더라도 그것은 어버이의 살이다. 그대에게 권하노니, 서둘러 어버이의 목숨을 극진히 안전하게 보호하라.

【 새김 】

아이도 어버이도 동시에 병이 났다면 당연히 어버이의 병을 고치는 것이 우선되어야 한다는 뜻.

【 한문공부 】

- 肆 가게 사(聿부 7획)   肆廛(사전) : 가게. 점포.
- 壯 씩씩할 장(士부 4획)   壯談(장담) : 자신있게 말함.

△ 割股(할고) : 다리의 살을 베어내다.
△ 亟保(극보) : 극진히 보살피는 것.

＊6＊

富貴에 養親易로되　親常有未安하고
부귀　　양친이　　　친상유미안

貧賤엔 養兒難하되　兒不受饑寒이라
빈천　　양아난　　　아불수기한

一條心兩條路에　爲兒終不如爲父라
일조심양조로　　위아종불여위부

勸君養親을 如養兒하고
권군양친　　여양아

凡事를 莫推家不富하라
범사　　막추가불부

【 풀이 】

부귀하면 어버이를 봉양하기 쉬우나 항상 어버이는 미안한 마음이 있고, 가난하고 천하면 아이를 양육하기 어려우나 아이는 굶주리고 춥지는 않다. 한가지 마음에 두 갈래 길이지만, 아이를 위함은 끝내 어버이를 위함과 같지 않다. 그대에게 권고하노니, 어버이 모시기를 아이 기르듯이 하라. 모든 것을 집안이 부유하지 못해서 그렇다고 미루지 말라.

【 새김 】

까마귀도 그 어버이에게 먹이를 물어다 먹인다고 한다. 사람이면 어버이 모시기를 자식 위하기보다 먼저 행해야 한다는 뜻.

【 한문공부 】

• 條 가지 조(木부 7획)

  條文(조문) : 하나하나 따진 조목을 적은 글.

• 推 밀 추(扌부 8획)

  推理(추리) : 사리를 미루어 생각함.

△ 莫推(막추) : 미루지 말라.

* 7 *

養親엔 只有二人이로되
양 친　　지 유 이 인

常與兄弟爭하고
상 여 형 제 쟁

養兒엔 雖十人이나
양 아　　수 십 인

君皆獨自任이라
군 개 독 자 임

兒飽煖親常問하되
아 포 난 친 상 문

父母饑寒不在心이라
부 모 기 한 부 재 심

勸君養親을 須竭力하라
권 군 양 친　　수 갈 력

當初衣食이 被君侵이니라
당 초 의 식　　피 군 침

【 풀이 】

어버이를 받들고 섬기기에는 다만 두 사람인데 늘 형과 동생이 서로 다투고, 아이를 기름에는 비록 열 사람이나 된다 하더라도 모두 혼자 떠맡느니라. 아이가 배부르고 따뜻한가는 언제나 물어보면서도 어버이의 배고프고 추운 것은 마음에 두지 않는다. 그대에게 권고하노니, 어버이 받들고 섬김에 모름지기 힘을 다하여라. 그들은 그대를 기를 때 옷과 먹을 것을 그대에게 빼앗겼느니라.

《 새김 》

제 자식 기르는 것은 누구에게도 맡기려 하지 않으면서도, 어버이 봉양하는 것은 형제들간에 서로 맡으려 하지 않아서 늘 다툼이 벌어지는 것이다. 부모를 위하는 성의가 전혀 찾아볼 길이 없다는 뜻.

《 한문공부 》

- 獨 홀로 독(犬〔犭〕부 13획)

　獨創(독창) : 모방함이 없이 처음으로 만들어 내는 일.
- 竭 다할 갈(立부 9획)

　竭力(갈력) : 있는 힘을 다함.

△ 常問(상문) : 늘 물어 본다.

* 8 *

親有十分慈하되 君不念其恩하고
친유십분자　　　군불념기은

兒有一分孝하되 君就揚其名이라
아유일분효　　　군취양기명

待親暗待兒明하니 誰識高堂養
대친암대아명　　　수식고당양

子心고 勸君漫信兒曹孝하라
자심　권군만신아조효

兒曹親子在君身이니라
아조친자재군신

《 풀이 》

어버이는 매우 그대를 사랑하나 그대는 그 은혜를 생각하지 않고, 자식이 조금이라도 효도하는 것이 있으면 그대는 곧 그 이름을 빛내려 한다. 어버이를 대접하는 것은 어둡고 자식을 대하는 것은 밝으니, 어버이가 자식 기르는 마음을 누가 알겠는가. 그대에게 권고하노니, 부질없는 아이들의 효도를 믿지 말라. 아이들이 어버이를 자기 자식과 같이 사랑하는 것은 바로 그대에게 달려 있는 것이다.

《 새김 》

자신이 부모에게 효도를 해야만, 자식들도 그것을 본받아서 효도하게 마련이다. 또 아이들이 자기 아버지가 할아버지에게 불효하는 것만을 보았다면, 아이도 자기 아버지에게 불효한 짓을 하게 된다는 뜻.

《 한문공부 》

• 就 나아갈 취(犬부 9획)

　就寢(취침) : 잠자리에 들어 잠을 잠.

△ 高堂(고당) : 부모님, 또는 그 뜻.

△ 漫信(만신) : 부질없이 믿다.

제 23 편

孝行 續

옛 사람들의 효도 이야기

1

孫順이 家貧하여
손 순   가 빈

與其妻로 傭作人家以養母할새
여기처 용작인가이양모

有兒每奪母食이라
유아매탈 모 식

順이 謂妻曰 兒奪母食하니
순   위처왈 아탈모식

兒는 可得이어니와 母難再求라 하고
아   가 득   모 난 재 구

乃負兒往歸醉山北郊하여
내부아왕귀취산북교

欲埋掘地러니 忽有甚奇石鐘이어늘
욕매굴지   홀유심기석종

驚怪試撞之하니 舂容可愛라
경괴시당지   용용가애

妻曰得此奇物은 殆兒之福이라
처왈득차기물   태아지복

埋之不可라 하니 順이 以爲然하여
매지불가   순   이위연

將兒與鐘還家하여 懸於樑撞之러니
장아여종환가   현어량당지

王이 聞鍾聲이
왕   문종성

淸遠異常而覈聞其實하고 曰
청원이상이핵문기실   왈

昔에 郭巨埋子엔 天賜金釜러니
석   곽거매자   천사금부

今孫順이 埋兒엔 地出石鐘하니
금 손 순   매 아   지 출 석 종

前後符同이라 하고
전 후 부 동

賜家一區하고 歲給米五十石하니라
사 가 일 구   세 급 미 오 십 석

《 풀이 》

손순이 집이 가난하여 그의 아내와 함께 남의 집의 머슴살이를 하며 그 어머니를 봉양했다. 그런데 그들에게 아이가 있어 언제나 어머니가 잡수시는 것을 빼앗는지라 순이 아내에게 일러 말하기를 "아이가 어머니의 잡수시는 것을 빼앗으니, 아이는 또 얻을 수 있거니와 어머니는 다시 구하기가 어렵소" 하였다.

할 수 없이 마침내 아이를 업고 취산 북쪽으로 가서 묻으려고 땅을 팠더니, 갑자기 지극히 이상한 돌종이 나왔다. 놀랍고 이상히 여겨 시험삼아 두드려 보니 그 소리가 아름답고 사랑스러웠다. 아내가 말하기를 "이같이 괴상한 물건을 얻은 것은 아이의 복이니 아이를 묻어서는 안됩니다"고 하였다.

순도 그렇게 생각하고 아이와 돌종을 가지고 집으로 돌아와서 종을 대들보에 달고 이것을 울렸다. 왕은 멀리서 들려오는 종소리를 듣고 이상하게 여겨 조사하도록 하고, 그 사실을 듣자 말씀하기를 "옛날에 곽거(郭巨)가 아들을 땅에 묻었을 때에는 하늘이 금으로 만든 솥을 내리셨는데, 이제 손순이 아들을 묻자 땅에서 돌종이 나왔으니 앞뒤가 서로 꼭 맞는구나" 하고 그들에게 집 한 채와 해마다 쌀 오십 석을 하사했다.

《 새김 》

두 사람의 지극한 효성에 하늘도 감동하여 복을 내리셨다는 이야기이다.

《 한문공부 》

- 傭 품팔이 용(亻부 11획)
  傭役(용역) : 고용하여 부림. 또는 고용되어 일함.
- 符 들어맞을 부(竹부 5획)
  符號(부호) : 표. 기호(記號).
△ 試撞之(시당지) : 시험삼아 그것을 두드려 보다.
△ 以爲(이위) : ~라고 여기다.
△ 覈(핵) : 실상을 조사함.
△ 符同(부동) : 맞춘 것처럼 서로 같다.
△ 一區(일구) : 한 채.

孫順(손순) 신라 사람으로 경주 손씨의 시조이다. 손순은 俱禮馬(구례마)의 후손으로, 아들 富(부)와 증손자 元尙(원상)이 이부상서를 지냈으며, 고손자 聖祖(성조)는 안렴사를 지냈다.

郭巨(곽거) 중국 後漢(후한) 시대의 二十四孝(이십사효)의 한 사람. 극진한 효자로, 집이 가난하여 노모가 식사를 줄이는 것을 보고, 자식을 묻고자 땅을 파다가 황금 솥을 얻었다고 한다.

* 2 *

尚德은 値年荒癘疫하여 父母飢
상 덕   치년황려역   부 모 기

病濱死라 尚德이 日夜不解衣하고
병빈사 상덕 일 야 불 해 의

盡誠安慰하되 無以爲養이면 則刲髀
진 성 안 위   무 이 위 양   즉 규 비

肉食之하고 母發癰에 吮之即癒라
육 사 지   모 발 옹   연 지 즉 유

王이 嘉之하여 賜賚甚厚하고
왕   가 지   사 뢰 심 후

命旌其門하고 立石紀事하니라
명 정 기 문   입 석 기 사

《 풀이 》

상덕은 흉년과 열병이 유행하는 때를 만나 아버지와 어머니가 굶주리어 거의 죽게 된지라, 상덕이 낮이나 밤이나 옷을 벗지 않고 정성을 다하여 편안하게 해드리고 위로해 드렸다. 또한 봉양할 것이 없으면 자기의 넙적다리 살을 베어 잡수시게 하고, 어머니께서 종기가 나자 입으로 빨아서 낫게 했다. 임금이 이 말을 듣고 어여삐 여겨 재물을 후하게 하사하고, 또 그 집에 표창하는 뜻으로 정문(旌門)을 세울 것을 명하고, 비석을 세워 이 일을 기록하게 하였다.

《 한문공부 》

- 疫 질병 역 (疒부 4획)

  疫病(역병) : 전염병.

- 癒 병 나을 유 (疒부 15획)

  癒着(유착) : 서로 별개의 사물이 한데 연결되거나 유합함.

△ 濱死(빈사) : 거의 죽게 되는 상태.

3

都氏家貧至孝라 賣炭買肉하여
도 씨 가 빈 지 효   매 탄 매 육

無闕母饌이러라
무 궐 모 찬

一日은 於市에 晚而忙歸러니
일 일   어 시   만 이 망 귀

鳶忽攫肉이어늘 都悲號至家하니
연 홀 확 육   도 비 호 지 가

鳶旣投肉於庭이러라
연 기 투 육 어 정

一日은 母病 索非時之紅柿어늘
일 일   모 병   색 비 시 지 홍 시

都彷徨柿林하여 不覺日昏이러니
도 방 황 시 림   불 각 일 혼

有虎屢遮前路하고 以示乘意라
유 호 루 차 전 로   아 시 승 의

都乘至百餘里山村하여
도 승 지 백 여 리 산 촌

訪人家投宿이러니
방 인 가 투 숙

俄而主人이 饋祭飯而有紅柿라
아 이 주 인   궤 제 반 이 유 홍 시

都喜問柿之 來歷하고 且述己意한대
도 희 문 시 지   래 력   차 술 기 의

答曰 亡父嗜柿故로
답 왈   망 부 기 시 고

每秋擇柿二 百個하여
매 추 택 시 이   백 개

藏諸窟中而至此五月이면
장 제 굴 중 이 지 차 오 월

則完者不過七八이라가
즉 완 자 불 과 칠 팔

今得五十個完者 故로 心異之러니
금 득 오 십 개 완 자   고   심 이 지

是天感君孝라 하고 遺以二十顆어늘
시 천 감 군 효   유 이 이 십 과

都謝出門外하니 虎尚俟伏이라
도 사 출 문 외   호 상 사 복

乘至家하니 曉鷄喔喔이러라
승 지 가   효 계 악 악

後에 母以天命으로
후   모 이 천 명

終에 都有血淚러라
종   도 유 혈 루

《 풀이 》

도씨는 집이 가난하나 효성은 지극하였다. 술을 팔아 고기를 사서 어머니의 반찬을 빠짐없이 늘 준비하였다. 하루는 장에서 늦게 바삐 돌아 오는데 소리개가 고기를 채갔다. 도씨가 슬피 울면서 돌아와 보니 소리개가 벌써 고기를 집 안뜰에 던져 놓았더라.

하루는 어머니가 병이 나서 철아닌 홍시를 찾으므로 도씨가 감나무 수풀에 가서 이리저리 돌아다녀 해가 저문 것도 모르고 있으니, 호랑이가 있어 앞길을 가로 막으며 타라고 하는 뜻을 나타내는지라. 도씨가 타고 백여리나 되는 산동네에 이르러 사람 사는 집을 찾아 잠을 자려고 하였더니, 얼마 안되어서 주인이 제사밥을 차려 주는데 홍

시가 놓여 있었다.

　도씨는 기뻐하여 감의 내력을 묻고, 또 그의 뜻을 말하였더니, 대답하여 말하기를 돌아가신 아버지께서 감을 잘 잡수시므로 해마다 가을이 되면 감 2백개를 골라 굴 안에 저장해 두는데, 5월이 되면 이 중 상하지 않은 것이 7, 8개에 불과했다. 그런데 이번에는 쉰개나 상하지 않은 것을 얻었으므로, 이상하게 여겼더니 이것은 곧 하늘이 그대의 효성에 감동한 것이라고 하며, 스무개의 감을 내어 주었다.

　도씨가 감사하다고 인사를 하고 문 밖을 나오니 호랑이는 아직도 누워서 그를 기다리고 있었다. 호랑이를 타고 집에 오니 새벽닭이 울었다. 후에 어머니가 천수를 다하고 돌아가시자, 도씨는 피눈물을 흘렸다.

《 새김 》
도씨의 지극한 효성이 숲의 소리개와 호랑이는 물론이고 하늘까지 감동시킨 이야기이다.

《 한문공부 》
- 索 찾을 색(糸부 4획)
  索引(색인) : 책 속의 내용을 찾아보기 쉽도록 꾸며놓은 목록.
- 彷 비슷할, 방황할 방(彳부 4획)
  彷彿(방불) : 거의 비슷함. 근사함.
△ 無闕(무궐) : 빠짐이 없음.
△ 俟伏(사복) : 누워서 기다림.
△ 喔喔(악악) : 닭의 울음소리를 표현한 말.

都氏(도씨)　李朝(이조) 哲宗(철종) 때 사람. 효행이 높았음.

제 24 편

廉義

염의

옛 사람들의 청렴한 삶 이야기

* 1 *

印觀이 賣綿於市할새
인관　매면어시

有署調者하여　以穀買之而還이러니
유서조자　　　이곡매지이환

有鳶이 攫其綿하여　墮印觀家어늘
유연　확기면　　　타인관가

印觀이 取歸于署調曰
인관　취귀우서조왈

鳶墮汝綿於吾家라 故로 還汝하노라
연타여면어오가　고　환여

署調曰鳶이 攫綿與汝는 天也라
서조왈연　확면여여　천야

吾何爲受리오
오하위수

印觀曰　然則還汝穀하리라
인관왈　연즉환여곡

署調曰　吾與汝者市二日이니
서조왈　오여여자시이일

穀已屬汝矣라 하고
곡이속여의

二人이 相讓이라가 幷棄於市하니
이인　상양　　　병기어시

掌市官이 以聞王하여 並賜爵하니라
장시관　이문왕　　　병사작

《 풀이 》

인관이 시장에서 솜을 팔고 있을 때 서조라는 사람이 곡식으로 솜을 사 가지고 돌아가는데 소리개가 그 솜을 채 가지고 인관의 집에 떨어뜨렸다. 인관이 서조에게 돌려보내고 말하기를 "소리개가 그대의 솜을 내 집안에 떨어뜨렸으니 그대에게 돌려 보낸다" 하니 서조가 말하기를 "소리개가 솜을 채다가 그대에게 준 것은 하늘이 한 것이다. 내가 어찌 받을 수 있겠는가?" 하니, 인관이 말하기를 "그렇다면 그대의 곡식을 돌려 보내리라." 서조가 말하기를 "내가 그대에게 준 지 벌써 두번이나 장이 지났으니 곡식은 이미 그대에게 속한 것이다." 해서 두 사람이 서로 사양하다가 솜과 곡식을 다 함께 시장에 버렸다. 시장을 맡아 다스리는 관원이 이 사실을 임금께 알려서 다 같이 벼슬을 주었다.

《 새김 》

청렴결백함과 의리가 있으면 반드시 좋은 결과가 있게 마련임을 강조한 글이다.

《 한문공부 》

- 廉 청렴할 렴(广부 10획)

  廉價(염가) : 싼값＝安價(안가)

- 屬 붙을 속(尸부 18획)

  屬吏(속리) : 지위가 낮은 관리.

△ 以聞王(이문왕) : 이것을 임금에게 아뢰다.

△ 竝賜爵(병사작) : 나란히 벼슬을 내리다.

印觀(인관), 署調(서조)   두 사람 다 신라 때 사람으로 청렴결백하고 의리로 유명한 사람.

2

高句麗平原王之女幼時에 好啼러니
고구려평원왕지녀유시 호제

王이 戲曰
왕 희왈

以汝로 將歸于愚溫達하리라
이여 장귀우우온달

及長에 欲何嫁于上部高氏한대
급장 욕하가우상부고씨

女以王不可食言으로 固辭하고
여이왕불가식언 고사

終爲溫達之妻하다
종위온달지처

蓋溫達이 家貧하여 行乞養母러니
개온달 가빈 행걸양모

時人이 目爲愚溫達也러라
시인 목위우온달야

一日은 溫達이 自山中으로
일일 온달 자산중

負楡皮而來하니
부유피이래

王女訪見曰 吾乃子之匹也라 하고
왕녀방견왈 오내자지필야

乃賣首飾而買田宅器物하여
내매수식이매전택기물

頗富하고 多養馬以資溫達하여
파부 다양마이자온달

終爲顯榮하니라
종위현영

《 풀이 》

고구려 평원왕이 딸이 어렸을 적에 울기를 잘하더니, 왕이 농담삼아 말씀하기를 "너를 장차 바보 온달에게 시집보내려고 한다" 했다. 자라서 上部(상부) 高氏(고씨)에게로 시집보내려 하니, 딸이 "임금으로서 가히 거짓말은 아니 하시겠지요" 하고 굳이 사양하다가 마침내 온달의 아내가 되었다.

대체로 온달은 집이 가난하여 거리로 다니며 구걸해서 그 어머니를 모시니, 그때 사람들이 이를 보고 바보 온달이라고 하였다.

하루는 온달이 산 속에서 느티나무 껍질을 짊어지고 돌아오니 임금의 딸이 찾아와서 말하기를 "저는 바로 당신의 아내입니다"고 했다. 공주는 비녀와 장식품을 팔아서 밭과 집과 살림을 장만하여 매우 부자로 살게 되었고, 말을 많이 사육하여 온달을 도와 마침내 몸이 영화롭고 이름이 사방에 빛나게 되었다.

《 새김 》

아버지 평원왕의 말을 거짓말로 만들지 않기 위해서 바보 온달의 아내가 된 평강공주의 효도는 남을 감탄하게 했다는 글이다.

《 한문공부 》

- 啼 울 제(口부 9획)   啼泣(제읍) : 눈물을 흘리며 욺.
- 乞 빌 걸(乙부 2획)   乞食(걸식) : 밥을 구걸함. 빌어먹음.
- 匹 짝 필(匸부 2획)   匹敵(필적) : 어깨를 견줌. 맞상대.

△ 自(자) : ～부터.
△ 子(자) : 그대. 당신.
△ 資(자) : 도움을 주는 것.

平原王(평원왕) 고구려 제 25대 임금.
溫達(온달) 평원왕의 사위로 신라와의 싸움에서 많은 무공을 세웠다.

3

洪夔燮이 少貧甚無料러니 一日早에
홍기섭 소빈심무료   일일조

婢兒踊躍獻七兩錢曰 此在鼎中하니
비아용약헌칠양전왈 차재정중

米可數石이요 柴可數駄니 天賜니다
미가수석   시가수태 천사

公이 驚曰 是何金고
공   경왈 시하금

卽書失金人推去等字하여
즉서실금인추거등자

付之門楣而待러니
부지문미이대

俄而姓劉者來問書意어늘
아이성유자래문서의

公이 悉言之한대
공   실언지

劉曰 理無失金於人之鼎內하니
유왈 이무실금어인지정내

果天賜也라 盍取之닛고
과천사야 합취지

公이 曰
공   왈

非吾物에 何오
비오물 하

劉 俯伏曰
유 부복왈

小的이 昨夜에 爲 窃鼎來라가
소적   작야 위 절정래

368 _ 정본 명심보감

還憐家勢簫條而施之러니
환련가세소조이시지

今感公之廉价하고 良心自發하여
금감공지염개　　　양심자발

誓不更盜하고 願欲常侍하나니
서불갱도　　　원욕상시

勿慮取之하소서
물려취지

公이 卽還金曰 汝之爲良則善矣나
공　즉환금왈　여지위양즉선의

金不可取라하고 終不受러라
금불가취　　　　종불수

後에 公이 爲判書하고
후　공　　위판서

其子在龍이 爲憲宗國舅하며
기자재용　　위헌종국구

劉亦見信하여 身家大昌하니라
유역견신　　　신가대창

《 풀이 》

홍기섭이란 사람이 젊었을 때 몹시 가난하여 말로 할 수 없을 정도였다. 하루는 아침에 어린 계집종이 기쁨에 넘쳐 뛰어 와서 돈 일곱냥을 바치며 말하기를 "이것이 솥 속에 있었습니다. 이만하면 쌀이 몇 섬이요, 나무가 몇 바리입니다. 참으로 이것은 하늘이 주신 것입니다." 공이 놀라서 말씀하기를 "이게 무슨 돈인고?" 하며, 곧 잃은 사람은 찾아가라는 글을 써서 대문 위에 붙이고 기다렸다.

이윽고 성이 유라는 사람이 찾아와 글 뜻을 물었다. 공이 하나도 남김없이 그대로 사실을 말하자, 유씨가 말하기를 "남의 솥 속에다 돈 잃을 사람은 없습니다. 이것은 하늘이 주신 것인데 왜 가지지 않습니까?"라고 하였다. 공이 말씀하였다 "제 물건이 아닌데 어찌 소지한단 말인가요?" 유씨가 꿇어 엎드려 말했다. "소인이 어젯밤 솥을 훔치러 왔다가 공의 집안 형편이 매우 쓸쓸함을 오히려 가엾게 여겨 이것을 놓고 돌아갔습니다. 이제 공의 마음이 깨끗하여 욕심이 없는 것을 알고 감복해서 양심이 움직여 다시는 도둑질을 하지 않기로 맹서하오며 공을 항상 모시기를 원하오니, 염려마시고 받아 주십시오."

공이 돈을 돌려 주며 "당신이 좋은 사람 되는 것은 좋지만, 돈은 가질 수 없습니다"하며 끝내 받지를 않았다. 후에 공은 판서가 되었고, 그의 아들 재룡은 헌종의 장인이 되었으며, 유씨 집안도 신임을 얻어 몸과 집안이 크게 번성하였다.

《 새김 》

홍기섭의 청렴결백했던 이야기를 인용해, 하늘은 착하고 정직한 사람을 버리지 않고 도와준다는 것을 강조한 글.

《 한문공부 》

- 柴 섶나무 시(木부 5획)   柴門(시문) : 사립문.
- 憲 법 헌(心부 12획)

  憲政(헌정) : 헌법에 의하여 행하는 정치.

△ 悉言之(실언지) : 빼놓지 않고 다 말하다.

△ 廉价(염개) : 청렴하고 결백함.

△ 大昌(대창) : 크게 번창하는 것.

洪耆燮(홍기섭) 본관은 남양. 청렴하기로 이름이 높았으며, 벼슬이 판서에 이르렀음.

洪在龍(홍재룡) 홍기섭의 아들로 자는 景天(경천). 헌종의 장인으로 益豊府院君(익풍부원군)에 봉해졌다.

憲宗(헌종) 1827~49. 이조 제24대 임금.

제 25 편

勸學

배우기를 권하는 가르침

＊ 1 ＊

朱子曰
　주 자 왈

勿謂今日不學而有來日하며
　물 위 금 일 불 학 이 유 래 일

勿謂今年不學而有來年하라
　물 위 금 년 불 학 이 유 래 년

日月逝矣나 歲不我延이니
　일 월 서 의　　세 불 아 연

嗚呼老矣라 是誰之愆고
　오 호 노 의　시 수 지 건

【 풀이 】

주자가 말씀하기를 "오늘 배우지 않아도 내일 배우면 된다고 말하지 말며, 올해에 배우지 않아도 내년에 배우면 된다고 말하지 말라. 날과 달이 흐르니 세월은 나를 위해서 더디 가지 않는다. 아! 늙었구나, 이것은 누구의 잘못인고"라고 하였다.

【 새김 】

배우는 데는 시기와 때가 있다. 그러므로 하루 속히 결심을 해서 공부에 힘쓰도록 하라는 글.

【 한문공부 】

- 逝 갈 서(辵〔辶〕부 7획)
  逝去(서거) : 세상을 떠남.
- 嗚 울 명(鳥부 3획)
  鳴動(명동) : 울려 진동함.
- △ 勿謂(물위) : 말하지 말라.
- △ 嗚呼(오호) : 아! 〔감탄사〕

* 2 *

少年易老하고 學難成하니
소 년 이 로　　학 난 성
一寸光陰이라도 不可輕하라
일 촌 광 음　　　불 가 경
未覺池塘에 春草夢인대
미 각 지 당　　춘 초 몽
階前梧葉이 已秋聲이라
계 전 오 엽　　이 추 성

《 풀이 》

소년은 늙기 쉽고, 학문은 이루기 어려우니, 짧은 시간이라도 가벼이 여기지 마라. 아직 못둑의 봄풀은 꿈에서 깨어나지 않았는데, 어느덧 세월은 허탈하게 빨리 흘러 계단 앞의 오동나무에는 벌써 가을 소리가 들려 오는구나.

《 새김 》

사람은 누구나 다 자연히 늙어간다. 그러나 학문은 자연히 되는 것이 아니고 노력을 해야 하니, 소년 시절부터 작은 시간이라도 아껴서 공부를 하라는 뜻.

《 한문공부 》

- 陰 그늘 음(阜〔阝〕부 8획)
  陰謀(음모) : 남 모르게 꾸미는 계략.
- 池 못 지(水〔氵〕부 3획)
  池塘(지당) : 못의 둑.
△ 不可輕(불가경) : 가볍게 여기지 말라.
△ 光陰(광음) : 세월. 시간.

* 3 *

陶淵明　詩에　云
도연명　시　운

盛年은 不重來하고
성년　　부중래

一日은 難再晨이니
일일　　난재신

及時에 當勉勵하라
급시　　당면려

歲月은 不待人이니라
세월　　부대인

《 풀이 》

도연명의 시에 이르기를 "젊은 시절은 두번 다시 오지 않고, 하루에 새벽도 두번 있지 않으니, 젊었을 때에 마땅히 학문에 힘쓰라. 세월은 사람을 기다리지 않는다"고 하였다.

《 새김 》

젊은 시절은 두번 다시 오지 않으니 시기를 놓치지 말고 면학에 정신을 쏟으라는 뜻.

《 한문공부 》

- 勉 힘쓸 면(力부 7획)

  勉學(면학) : 힘써 공부함. 학문에 매우 힘씀.

- 勵 힘쓸 려(力부 15획)

  勵行(여행) : 힘써 행함. 또는 행하기를 장려함.

陶淵明(도연명)　東晉(동진)의 시인으로, 이름은 潛(잠), 자는 元亮(원량)이다. 彭澤(팽택)의 원이 되었으나 부패된 정치에 실망하여 벼슬을 버리고 낙향했다. 이 때 지은 「歸去來辭(귀거래사)」는 불후의 명작이 되었다.

* 4 *

荀子曰
순자왈
不積頎步면 無以至千里요
부적규보   무이지천리
不積小流면 無以成江河니라
부적소류   무이성강하

《 풀이 》
순자가 말씀하기를 "반 걸음을 쌓지 않으면 천리에 이르지 못할 것이요, 적게 흐르는 물이 모이지 않으면 강이나 하천을 만들지 못할 것이다"고 하였다.

《 새김 》
우리 격언에 "천리길도 한 걸음부터"라는 말과 같은 뜻이다. 시작이 반이라는 뜻도 포함되어 있는 글.

《 한문공부 》
- 積 쌓을 적(禾부 11획)
  積載(적재) : 물건을 실음.
- 至 이를 지(至부 0획)
  至善(지선) : 지극한 선.
△ 不積(부적) : 쌓지 않다.
△ 頎(규) : 발걸음.
△ 成江河(성강하) : 강이나 하천을 이룬다.

정본 **명심보감**
明心寶鑑

찾아보기

*

『격양시(擊壤詩)』 87, 178

『경행록(景行錄)』 16, 32, 45, 56, 57, 68, 78, 86, 102, 110, 118, 136, 148, 159, 162, 170, 219, 252, 294

고종황제(高宗皇帝) 214

공자(孔子) 8, 20, 22, 28, 30, 37, 38, 39, 52, 62, 89, 124, 155, 157, 194, 226, 250, 254, 304, 305, 320, 323,

『공자가어(孔子家語)』 217, 322

곽거(郭巨) 356

구준(寇準 : 寇萊公) 98

군평(君平) 314

『근사록(近思錄)』 59

*

『논어(論語)』 133

*

당태종(唐太宗) 278

도씨(都氏) 361

도잠(陶潛 : 淵明) 374

『동몽훈(童蒙訓)』 277

동악성제(東岳聖帝) 18

등왕각(滕王閣) 33

*

마원(馬援) 12, 47

무왕(武王) 262, 264, 266, 268, 270

범순인(范純仁 : 忠宣公) 88

범익겸(范益謙) 272

*

『사기(史記)』 192

사마광(司馬光 : 司馬溫公) 14, 288

상덕(尙德) 356

『서경(書經)』 82, 136

서조(署調) 364

『설원(說苑)』 238

성리서(性理書) 44, 247, 256

소광(疏廣) 173

『소서(素書)』 90

소식(蘇軾 : 東坡) 228, 301

소옹(邵雍 : 康節) 23, 48, 199, 229

손사막(孫思邈) 92

손순(孫順) 356

손진인(孫眞人) 54

순자(荀子) 61, 195, 375

『시경(詩經)』 36, 136

신종황제(神宗皇帝) 213

*

안분시(安分詩 : 安分吟) 83

찾아보기

『안씨가훈(顔氏家訓)』 298
안영(安嬰 : 平仲) 323
여상(呂尙 : 太公) 11, 40, 46, 51, 65,
　　67, 127, 141, 169, 245, 246, 262,
　　264, 266, 268, 270, 290, 335
여희철(呂希哲 : 榮公) 140
열자(列子) 34
『예기(禮記)』 126
온달(溫達) 366
왕단(王旦) 180
왕량(王良) 216
왕촉(王蠋) 258
왕통(王通 : 文中子) 295
유비(劉備 : 昭烈皇帝) 9
유선(劉禪 : 後主) 9
유안례(劉安禮) 285
유회(劉會) 312
『이견지(夷堅志)』 60
『익지서(益智書)』 25, 100, 242, 330
인관(印觀) 364

＊
자동제군(梓潼帝君) 201
자장(子張) 115, 117
자허원군(紫虛元君) 73
장사숙(張思叔) 260

장자(莊子) 10, 13, 26, 125, 137, 300
재여(宰予) 76
정이(程頤 : 伊川) 282
정호(程顥 : 明道) 276
주돈이(周敦頤 : 濂溪) 236
『주역(周易)』 235, 340
주자(朱子 : 文公) 95, 131, 372
증자(曾子) 306
진종황제(眞宗皇帝) 212

＊
채옹(蔡邕 : 伯喈) 71
천복비(薦福碑) 33
충자(忠子) 259

＊
평원왕(平原王) 366
포박자(抱朴子) 286

＊
『한서(漢書)』 138
한퇴지(韓退之 : 文公) 132
허경종(許敬宗) 218
헌종(憲宗) 369
현제(玄帝) 24
홍기섭(洪蘷燮) 368
홍재룡(洪在龍) 369
휘종황제(徽宗皇帝) 130

|개정판|

정본 명심보감

1판 1쇄 인쇄　|　2000년 9월 15일
2판 1쇄 인쇄　|　2010년 9월 25일
2판 4쇄 발행　|　2023년 10월 20일

옮긴이　|　이병갑
발행인　|　양기원
발행처　|　학민사

등록번호　|　제10-142호
등록일자　|　1978년 3월 22일

주소　|　서울시 마포구 토정로 222 한국출판콘텐츠센터 314호(⊕ 04091)
전화　|　02-3143-3326~7
팩스　|　02-3143-3328

홈페이지　|　http://www.hakminsa.co.kr
이메일　|　hakminsa@hakminsa.co.kr

ISBN 978-89-7193-200-1 (03710)．Printed in Korea

ⓒ 이병갑, 2010

• 잘못 만들어진 책은 구입하신 서점에서 바꿔드립니다.
• 저자와 출판사의 허락없이 내용의 일부를 인용하거나 발췌하는 것을 금합니다.
• 책값은 표지 뒷면에 있습니다.